この道のりが楽しみ

《訪問》言語聴覚士の仕事

平澤哲哉 著

大西成明 写真

協同医書出版社

装幀：岡　孝治

まえがき

　言語聴覚士（speech therapist；ST）の多くは医療施設で働いている。私もSTになって15年ほどは病院に勤務していた。その時も，もう少し長く関われれば失語に伴う不安の解消が望めるような人とも，退院を境にそれきりになってしまうことに，悔しい思いをし，疑問も抱いていた。もっと長くSTとして患者さんと関わりたい，STとしてすべきことがほかにあるのではないか。その思いが，私に病院を辞めて家庭訪問ケアを始めるという選択をさせた。それからの経験は私に，その決断が間違いではなかったことを日々感じさせてくれる。何より，楽しい。それは，STとしての自分の存在を患者さん（利用者さん）が受け入れ認めてくれ，私を家に迎え続けてくれるからだ。そして，残念なことでもあるのだが《訪問》STとしての私を新たに求めてくれる人は跡を絶たない。

　より長期にリハビリテーションを受けられれば，もっと回復してから，いくぶん不安も小さい状態で退院できるのかも知れない。しかし昨今の診療報酬改定により，脳血管障害によるリハビリテーションにおいては，機能的に改善途中であっても早期退院を促される場合が多い。失語症者の場合は意思疎通が不十分なまま家に戻るため，本人・家族とも不安を抱え，途方に暮れてしまう。その障害ゆえに家族とも誰ともコミュニケーションをとることができず，孤独のまま日々を送らざるを得ないということにもなる。彼らが一様に訴えるのは「誰にもわかってもらえないつらさ」である。「ことば」に障害がある人を適切に支援できるのは，やはり言語聴覚士（ST）であるが，退院後も失語症者に関わるSTは極めて乏しい。

　私は何の制度的な保障もない2002年に，フリーのSTとしてこの道を選んだ。当時は，医療保険も介護保険も使えず，個人的に依頼してくれた方からいただく指導料（報酬）も悩みながら自分で決めるという，まさにゼロからのスタートだった。近年，医療・ケアは病院から地域へ，施設から在宅へという流れになってきていて，今は2002年と比べ格段に《訪問》を

始めやすくなったと言えるかも知れない。しかし現実には，まだ圧倒的に人材不足である。訪問STとして働く制度・場所がまだ整っていない，という理由はあるかも知れない。制度をうまく利用するのは当然だ。しかし，それを自らの限界としてしまうことはないと思う。私が経験から言えるのは，退院後に家で困っている失語症の人やその家族が，私の住む地域にいるように，どの地域にも必ずいるということである。STは，医療施設で必要とされるのと同じくらい，いや，それ以上退院後に求められる職種ではなかろうか。

　ST養成学校では実習も含め「病院」での臨床について学び，就職後は経験も積んでいく。だが《訪問》については，具体的に学ぶ機会はなく，「訪問リハビリテーション」に興味をもったとしても，知識も情報もなく踏み切れない状況かも知れない。病院での経験はもちろん大切だが《訪問》はまた違う構え（備え）が必要なのも確かである。失語症者とその家族の現状を考えれば，STによる退院後の適切な支援の必要性は疑いようがない。また退院後の失語症者を気にかけ，もっと関わりたいと思っているSTも実は多いはずである。

　本書は，在宅STとしての私自身の経験を伝えることで，漠然とでも《訪問》に興味・関心をもっている若いSTにその意義（魅力）を感じてもらうこと，かつ実際の活動について細部を提示して具体的なイメージをもってもらい，自らが実際に動き出すためのヒントやガイドとして利用してもらうことを目的とする。白衣を着てST室の机の向こう側で，ことばに障害を持った方を迎えるというST像（自己像）が，待っていてくれる利用者さんのところへ自分が赴き，そこで臨床をつくりあげるという将来像へと，本書を読んだことで変化するのであれば何より嬉しい。

　また現在，病院が行っている「訪問リハビリテーション」に携わっているSTには，現状を捉え返しより良い訪問を実現していくために役立てて

もらえたらと考える。更には（同じことの表裏なのだから）病院での明日からの臨床にも生かしてもらえるはず。ST室の先，退院した失語症者が生活を送っている風景を想像できる病院STが増えること。地域に根差して障害を持つ対象者と共に歩んでいこうとするSTが一人でも増えれば，それだけ言語リハビリ自体が，障害を持った方や家族にとってより良いものに変わっていくだろう。

　自宅での生活に戻る失語症者にとって，急性期，回復期で集中実施されたリハビリテーションでは，その理念に基づく支援体制や社会への啓蒙活動という点において，決して十分なものではない。今徐々に進められている慢性期支援，つまり在宅リハビリテーションは，多面的社会的内容を持ち，長期にわたって続けられ，今後更に期待される活動となっていくに違いない。多くの若いSTたちに，退院後の患者さんに目を向け，生活の場でのコミュニケーション支援を必要としている人たちの心に寄り添い，STとして言語障害のある方たちと共に生きる（関わり続ける）道を選びとってほしいと願っている。それがSTの職域の拡大にも，地域における連携という観点からも大きな意味を持っていくに違いない。

　本書が，地域で暮らすことばに障害を持った人たちが有効な生活支援を受け，楽しく暮らしていくために役立つことを期待する。

　なお，訪問ST，在宅STという二つの言葉を本書では使っているが，前者は通所が困難もしくは十分なSTサービスを受けることができない方を対象に，訪問を展開するSTとその業務とし，後者は訪問も含め「失語症友の会」「言語リハビリ教室」等，仲間意識を高めながら当時者・家族の社会生活全般を支えるSTとその業務という面を強調している。また，言語聴覚士と言語聴覚療法（speech therapy）はST，理学療法士（physical therapist）と理学療法（physical therapy）はPT，作業療法士（occupational therapist）と作業療法（occupational therapy）はOTと，略称を用いた。

目　次

まえがき

第1章　《訪問》が開く可能性　　1

笑顔は自信のバロメーター　～5代目会長Aさん　……… 1
　うまくいかなかった病院リハビリ　… 1
　新たなリハビリ　～失語症友の会で　… 3
　自宅での安心, 意欲に変わる　… 5
　友の会一の笑顔で　… 7

毎週会えるよろこび　～93歳のBさん　……… 9
　高齢者にはつらい入院リハビリ　… 9
　家に来てもらえる安心　… 11
　「ここにいるから」「またらいしゅう, お目にかかります！」　… 12

たとえ一度の訪問でも　～四国のCさんを訪ねて　……… 13
　速達と電話での訴え「教えてほしい」　… 13
　「がんばれば良くなる」と言われ　… 14
　気持ちを汲み, 生活に照らして答える　… 15

その人の力を引き出す　～「生きていて良かった」Eさん　……… 18
　生きがいを失って　… 18
　新たな人生, 新鮮な日々に喜びを　… 19
　最後まで自分らしく　… 21

人生の満足度　～Fさんの生き方を支える　……… 23
　「呆けてしまった」とうつ状態に　… 23
　〈失語症〉と説明, 心が解放される　… 24
　回復尺度は生活満足度　… 26

家庭で安全に楽しく食べる　～パーキンソン病のGさん　……… 28
　家族がつなぐケアマネとの間　… 28
　準備をすれば大丈夫　… 29
　「うまく食べられる」「話がよく分かる」実感　… 31

長期継続ケアにて未来が広がる　……… 33
　脳梗塞で発症　～訪問リハビリ開始　… 33
　Hさんの書きたい思い　… 34
　かな文字訓練開始　… 35
　自分の気持ちを伝えたい　… 36

● フォトドキュメント

今日もこの道を　　写真…大西成明

第2章 改めて，言語聴覚士とは　　55

失語症とは ……………………………………………………… 55
　　言語聴覚士にとっての失語症　…55
　　本人にとっての失語症　…56
失語症の当事者として ………………………………………… 59
　　失語症は心的外傷　…59
　　ことばの悩みをぶつけられる場所　…60
　　就職, 自立は遠い　…62
言語聴覚士として ……………………………………………… 66
　　病院に勤めての葛藤　～地域ケアへの憧れ　…66
　　見えてきた言語聴覚士像　…68
　　期待される言語聴覚士とは　～病院と地域と　…70
　　「生活の場」でのケアを選ぶ　…73
《在宅》言語聴覚士として …………………………………… 75
　　地域における〈言語聴覚士〉と〈失語症〉　…75

vii

第3章 《訪問》言語聴覚療法の実際　　　79

《訪問》言語聴覚士とは ……………………………………………… 79
　　生活を支える　…79
　　病院の言語聴覚士との役割の違い　…80

《訪問》の利点　〜病院との違い ……………………………………… 85
　　「場所」の違い　…85
　　「時間」の違い　…86
　　「教材」の違い　…88
　　自分でいられること　…92

《訪問》と制度 …………………………………………………………… 93
　　フリーランスの言語聴覚士として　…94
　　訪問リハビリにおける医療保険と介護保険　…96
　　訪問サービスの報酬は？　…96
　　訪問言語聴覚士で十分食べていける？　…98

《訪問》の流れと留意点 ……………………………………………… 103
　　初回訪問までの流れ　……103
　　　医師の指示書　…103
　　　事前情報の入手と整理　…104
　　　契約を結ぶ　…105
　　　初回訪問　…106
　　　初回評価　…108
　　定期訪問の流れ　……109
　　　挨拶　…109
　　　バイタル・生活チェック　…110
　　　訓練　…110
　　　フィードバック　…114
　　　記録　…114
　　摂食・嚥下障害の場合　……115

ネットワークを築く …………………………………………………… 116
　　チームとしての意識　…116
　　どうやって地域連携を図っていくか　…118
　　医師との連携　…119
　　各職種との連携　…120
　　築かれた連携の中で　…123
　　連携のためのツール　〜〈コミュニケーション評価〉　…126

第4章 仲間づくりから広がる生活　　　133

かけがえのない「友の会」 〜「独りではない」気持ちを育む ……………133
 当事者として ……134
  「友の会」を知る …134
  東京失語症友の会に参加 …135
  若い失語症者のつどいに参加 …136
 地域の言語聴覚士として ……137
  「東山地区失語症友の会」を立ち上げる …137
  地域に友の会があること …139
 友の会の言語聴覚士として ……141
  楽しい時間をコーディネート …141
 企画・運営のポイント ……144
  年次計画を立てる …144
  ボランティアの参加 …145
  個々への注目 …145
  例会 …146
  会の変化 …149
  若い人たちの会の場合 …151
 仲間がいるという勇気 ……153

言語聴覚士不在地域の可能性 〜「住民参加型言語リハビリテーション」 ……156
  発端は一人の重度失語症者 …156
  言語聴覚士不在地域での"つどい"計画 …160
  楽しい集団リハビリの場を …162
  「個」の能力を高める …166
  県の言語聴覚士へバトンタッチ 〜仲間とつくる「友の会」へ …168

あとがき

第1章

《訪問》が開く可能性

笑顔は自信のバロメーター
～5代目会長Aさん

　2012年4月，私が事務局をしている山梨県の東山(とうさん)地区失語症友の会の定期総会の場で，新会長に選出されたのはAさんという76歳の男性である。今の友の会メンバーの中では一番の古株で，5代目会長として押され，満場一致で承認された。

　Aさんが脳梗塞となり，重い失語症と右片麻痺を発症したのは1996年10月。男性の場合，還暦と厄年が同時に訪れ，60歳近辺で大病にかかる人が多いという。Aさんもこの数ヶ月前に還暦を迎えていた。12日間は総合病院のリカバリー室で過ごし，脳外科病棟に移る頃にはトイレに歩いて行けるようになるなど，徐々に快方に向かう兆しが見えていた。ことばに関しては，妻や娘の話し掛けに首を縦横に振るのみで，話すことはできなかった。

　私はこの頃，リハビリテーション専門病院に勤務しながら，金曜午後は総合病院の脳外科に入り，失語症など高次脳機能障害の急性期ケアを担当していた。そこで，入院していたAさんの初回評価を依頼され，スクリーニング的簡易検査の結果，ブローカ失語と判断した。2週間ほど経ち，本格的なリハビリを受ける段階となったAさんは，これまでの主治医のいるZ病院に転院していった。

うまくいかなかった病院リハビリ
　「先生のところで言語リハビリを受けさせていただけませんか？」。Aさんの奥さんから私に連絡があったのは，4ヶ月後の

1997年2月末だった。「Z病院でのリハビリがうまくいきませんで……」と奥さんの語るZ病院での出来事は，信じがたい話だった。

「ST・PT・OTのそれぞれのリハビリが始まり，順調にいくかと期待していましたところ，ST訓練はうまく進みませんでした。一生懸命に課題に取り組む主人でしたが，STの厳しさに音を上げていました。1から10の数列を言う練習をほとんど上手に発音できていても，『もう1回，もう1回』と強い口調で責め立てられました。まるで拷問にあっているようで，主人は顔を伏せてしまいました。そんなSTとの劣悪な関係により主人はますます落ち着かなくなり，表情も冴えず，PTやOTの担当者からも心配されました。便秘になり排尿も困難に，睡眠不足から薬が増えるばかりでした。ある日，私が病室に入ると主人は突然立ち上がり，窓から飛び降りようとしたのです。私の力では抑えきれず，看護師や周りにいた何人かで押さえ，やっと主人もベッドに座りました。興奮状態は簡単におさまらない様子でした。主治医からその夜は自宅に連れて帰るよう言われ，娘の車に乗ったところ車内で更に暴れ，押さえてはいたものの少しでも手をゆるめると外へ飛び出しそうな興奮状態。どうにか自宅まで乗せて帰ったものの，今度は家の外へ出ようと暴れ，押さえるのがまた大変でした。その攻防は夜中まで続き，外が明るくなるころ，やっと落ち着きました。翌朝，私だけ病院に戻り，主治医と面談すると『24時間付き添うか，退院するか』と選択を迫られ，私は迷うことなく退院を選びました。主治医は『精神科に入院するのが一番良い』と紹介状を渡してくれました。言われた通り精神科を受診すると，『その必要はないのでは』と言われました」。

Z病院での様子を伺い，信じられない思いだったが，Aさんと家族はかなり困っていることは理解できた。「とにかく一度受診に来て下さい」と，外来で言語リハビリを受けてもらうことにした。久しぶりにお目にかかったAさんは，昨年10月の初回評価時とまるで別人のような暗い表情，というか，ずっと下を向いていたので顔をハッキリ見られなかった。私が何を尋ねても硬くうつむいた状態で固まっているよう。もちろん失語症検査ができるような状態ではなく，如何なる方法で接していけばいいのか，思案に暮れた。そうはいえ，Z病院で受けたマイナス因子を消していくような手立てと，強力なプラス刺激を与えていかねばと思った。

通院してくるＡさんは奥さんに隠れるように現れ，ＳＴ室の中ではほとんど下を向いている。コミュニケーション意欲がなく，視線を合わせようともしない。カード類は見向きもしないので，奥さんから教えてもらったＡさんの興味あるモノ――ハンマー，鋸，差し金などの大工道具（Ａさんは日曜大工が趣味だった）やグローブ，ボールといった野球道具（学生時代は野球部だった）をＯＴ室から借り，並べたり目の前で実際に使ったりしてみた。すると，チラッと視線を移し，初めて興味を示したことが分かった。「Ａさん，このハンマー持ってもらえます？」と私が差し出すが，そのような受け渡し訓練にも全く乗ってこなかった。

新たなリハビリ～失語症友の会で

　ＳＴ室でのやり取りに四苦八苦しながら，私にある考えが生じた。私の呼び掛けで毎月集まっている失語症友の会に，Ａさんを誘ってみたらどうかと。失語症者の中には，うまく伝えられないという引け目から，「どうして自分だけが」という孤独感に陥る人が多い。これが，同じようなことばの障害を持った人と知り合えたら，どうだろう。「悩んでいるのは自分だけではない」と，仲間の存在を知ることで，この上ない勇気を持てる。私は奥さんに友の会の話をし，夫婦で参加しないか勧めてみた。奥さんは前向きに乗り気であったが，Ａさんは一筋縄でいかない様子で，二度ほど空振りだった。

　それでも奥さんの執拗な説得に，Ａさんは嫌々ながらも７月の例会に顔を出した。その月の友の会例会は，公園のバーベキュー場でカレーを作り，みんなでいただくという企画だった。当事者10名，家族７名，ボランティア４名の総勢21名だった。「今日初めて参加するＡさんと奥さんです。みなさんよろしくお願いします」と私から紹介した。奥さんはお辞儀をしたが，Ａさんはいつものように無表情でうつむき加減だった。参加した失語症者の多くは男性で，右片麻痺のため左手一本で作業に取り掛かる。皮むき機でジャガイモの皮をむいたり，玉ねぎを包丁で切ったり，手こずりながらも笑顔で楽しく取り組んでいた。また，奥さんやボランティアとのコミュニケーションでは，言いたいことがうまく伝えられず，四苦八苦していた。

● 笑顔は自信のバロメーター

そんな雰囲気の中でＡさんは次第に顔を上げ，他のメンバーの様子をぼんやり見始めた。すると隣にいた別の失語症者の奥さんが「Ａさんもこれ切ってくださいな」と言い，Ａさんに皮をむいたジャガイモと包丁を渡した。どうするかなと私が黙って見ていると，麻痺が軽いＡさんは渡された包丁を右手に持ち，左手でジャガイモを押さえて不器用に切り始めた。「そうそう上手じゃないですか，Ａさん」。その奥さんにほめられたが，それには反応せず，無心に作業に集中していた。「Ａさん，上手だからこの人参も切ってね」と更に頼まれると，Ａさんはそれも言われた通りに切っていった。いつものＡさんからは想像できないような，素敵な一面が窺われた。やがて，でき上がったカレーをおいしそうに頬張るＡさん。うつむいてなんかいない。「Ａさん，カレーおいしいですか？」。私の問い掛けにＡさんは顔を上げ，私の顔を見て初めて軽くうなずいた。

　この数日後，病院での言語リハビリにＡさんが通ってきた。いつものように奥さんの後ろについて，椅子に座ってからも下向き加減だった。そこで先日のカレー作りの写真をＡさんの前に出した。「おいしかったですね。そしてＡさんもよく頑張っていました」と私が言うと，少しだけ顔を上げ，興味深そうにジッと見ていた。「あのカレー作りの日，家に帰ってから少し興奮しているような感じでした」。奥さんがＡさんのことを伝えてくれた。「楽しかった？って私が聞いたら，ウンってうなずいていました」。同じような仲間がいるんだという意識は，Ａさんの孤独感を少なからず癒したのではないか，と私は思った。

　Ａさんの趣味が釣りだということを奥さんから聞いた。それも釣り堀で糸を垂れるのが好きという。それならばと，友の会の会員に提案し，次の友の会例会は釣り堀に行くことにした。ボランティアセンターのフィッシング仲間に協力してもらい，近くの釣り堀で会を開いた。友の会メンバーが集まる中，登場したＡさんは一番目立っていた。それもそのはず，帽子から靴，手に持つ竿や釣り道具まで見事な釣り人になりきっていた。「１年ぶりですね。倒れたあの日も釣りをして帰ってからでしたから」と話す奥さんは，いつもながら心配そうな表情だった。片やＡさんはいつもの下を向くような仕草はなく，違う人のように見えた。「Ａさん，凄くきまってますね」という私に，Ａさんはここで初めて笑顔を見せてくれた。

ほとんど発話のないＡさんだが，失語症友の会活動には毎回参加するようになり，同病者との場の雰囲気を味わっているようだった。私との信頼関係もでき，病院の言語リハビリでは次第に訓練的な課題に乗れるようになった。聴理解は単語レベルで8割，短文が3割程度。話したり書いたりはできないものの，こちらがイエス・ノーで答えられる質問をすれば，うなずいたり無反応だったり，Ａさんの大体の思いは摑むことができた。奥さんの話では，日常はほとんど家にいることが多く，外出は病院に行く時と友の会例会へ参加する時くらいだという。表情は硬く，リラックスできていない様子だった。

自宅での安心，意欲に変わる
　私が病院を退職し，在宅訪問活動を開始したのは2002年4月である。病院で私が担当だった4名の失語症者から訓練の継続――訪問リハビリを希望され，Ａさんの奥さんからも要望された。病院で行なっていた言語リハビリが在宅でのアプローチに代わり，如何なる効果を生むのか，私自身漠然とした思いしか抱いていなかった。それがＡさんとのやり取りで，すぐに病院のＳＴ室では生み出せない効果を味わうことができた。
　病院に通ってくるＡさんは，奥さんの後ろからＳＴ室に入り，いつも気難しい表情だった。どのようにして楽しい時間を提供していったものかと，私の大きな悩みであった。それがどうしたことか，訪ねるのが私となり，迎えるのがＡさん，その関係が逆転したことで，まるで気持ちも反転したかのよう。親しい仲間が我が家を訪ねてくれるのは嬉しいものである。わざわざ訪ねてくれたのだから，精一杯もてなそうと気を利かせるものである。私がお宅を訪ねると，Ａさん自ら玄関まで出て，笑顔で迎えてくれる。「こんにちは，Ａさん。入っていいですか？」と聞くと，声は出ないが「どうぞ」という仕草で私を部屋に招く。目の前のＡさんは病院に通って来ていたＡさんとは別人のようだった。
　Ａさんにしてみると以前Ｚ病院で受けた厳しい"仕打ち"が，心的外傷となっていたのだろう。そして，病院という特殊なたたずまい，白衣をまとった職員に対し，強い嫌悪感を抱いていたのかも知れない。年単位の長い時間経過の中，失語症友の会の例会などプラ

スの経験を少しずつ積み重ねるうちに，次第に心が落ち着いてきた。
「Ａさん，この家は建ててどれくらいですか？10年くらい？」「これはどこのお土産ですか？京都？」など，Ａさんにとって身近な話題なので，首振り，うなずき，身振りなどで一生懸命に答えてくれる。病院のＳＴ室で，絵カードを使用しての，興味のない課題をさせられている時とはまるで目つきが違う。ＳＴ室では質問しても無反応な時もあり，理解力の問題かと思っていたが，課題が具体性に欠け，手掛かりも摑めなかったので把握できなかったのだろう。「Ａさん鏡がありますか」というと，隣の部屋にある鏡を取りに立ち上がり，目の前に置いてくれる。「コップに水を半分くらい入れてきてもらえますか」といった指示にも，嫌がらずに対応してくれる。奥さんにしても，病院では緊張気味にかしこまり，不安げに夫の様子を眺めているだけだった。それが我が家となるとゆったりできるし，Ａさんと私のやり取りの中へも，自然に加わることができる。私とＡさん夫妻，三人での言語リハビリは一対一で行なう緊張したやり取りとは違い，かなりリラックスできる。

病院とは全く異なったリハビリを訪問で受けながら，これまでは病院や友の会活動など，ごく限られたところにしか外出しようとしなかったＡさんが，一人で家の周りを散歩するようになった。それも，初めは家からほんの二，三十メートル先の通りまで恐る恐るだったのが，次第に距離が伸び，家の周り30分ほどのコースを日課で歩くようになった。家での役割も果たそうと，洗濯物を取り込んだり，洗い桶の食器を洗剤つけて洗ったり，細々としたことに気付くようにもなった。

「調子は良いですか」という私の問いに，以前は笑顔でうなずいていたＡさん。訪問リハビリに切り替えて半年ほど経った頃から同じ問いに，首を横に振るようになった。自分の口を指さして，首を横に振る。口がダメ——うまく喋れない，という訴えである。話せないことを苦にするようになった。逆にいうと，これまでは話せなくても苦ではなく，気にもならなかったということになる。では，どうして話せるようになりたいと思ったのだろう。それは当たり前のことだが，“話す相手がいるから”であり，“コミュニケーションを楽しみたいから”であろう。東山地区失語症友の会の仲間たちと交流をしたり，家族と和やかに時を過ごしたり，旧友が時々は訪ね

てきたり，そんな生きた時間の中に自分も入っていきたい，と欲するようになったのだろう。

　そんなAさんの思いが少しずつ叶っていったのは，発症7年目を超えた2003年頃からだった。その少し前から「あー」「おー」と口形を見ながら，多少発声できるようになってきていた。次第に氏名と家族，簡単な挨拶ことばがどうにか言えるようになり，それがまたAさんの大きな励みとなっていった。友の会で近況報告を話す場面では，これまでほとんど奥さんに任せていたが，Aさん自らが発声するようになった。上手に伝わっているとは言えないが，"この会だから"そして"この仲間たちの前だから"Aさんは勇気を振り絞って話し掛けていく。「こ・ん・に・ち・は，A，で・す。よ・ろ・し・く，お・ね・が・い，し・ま・す」という感じに。

友の会一の笑顔で
　失語症になって16年，回復に向けての経過は決して順調とは言えず，人一倍苦労してきた。今は毎月の例会に参加するAさんに対して，他の会員から「いつもニコニコと笑顔が増えましたね」と声が掛かる。本当にそうだ。言えることばの数はなかなか増えないが，笑顔の数は友の会一だろう。友の会の雰囲気をいつも和らげてくれる。そんなAさんは，友の会の中で決して目立った存在ではなく，脇役的だった。2011年クリスマス会で劇をすることになり，Aさんは準主役の"寅さん"役を演じた。最初は嫌々ながらの承諾かと思ったのに，帽子や腹巻など"衣装"を自分のモノで揃え，やる気満々だった。当日の舞台では，台詞こそないがさりげなく役を演じ，会員からは「Aさん凄く良かったよ」と絶賛された。大役を終えたAさんは，嬉しそうな笑顔で満足感を味わっているようだった。

　2012年4月に失語症友の会の定期総会が開かれた。「Aさん，今度会長にどうですか？」と推す声に，笑顔でウンウンと答えてくれた。あの一番苦しかった時期，カレー作りに参加したAさん，仲間の存在を知り得たあの日があったからこそ，今があると信じている。そんな経験をしてきたAさんだからこそ，友の会の代表としてふさわしいし，仲間の信望も厚い。

　失語症者は病院でみている時と家にいる時とでは，ほとんど違う人，と知っておく必要がある。Aさんは訪問リハビリの中で，初め

て目覚めたという感じであり，意欲が出た。その意欲は仲間と交わりたいという思いから，ことばを良くしたいと望んでいった。ことば以外のコミュニケーション手段（表情，声の調子，身振り・手振り等）や，自分を理解してくれる仲間たちの援助により，ことばの不自由さから生じる鬱積を解き放ち，"生まれ変われる，もっと楽しくなれる，良い人生を送っていける"，と思いが弾けていったのだろう。

　暗い表情で私のところへ現れたあのＡさんの姿は，もうどこにもない。長期に，諦めることなく続けてきた成果だと，私も奥さんも，そして本人自身も感じているだろう。あの時点で，失語症の適切なケアが受けられなかったら，と思うとゾッとする。

毎週会えるよろこび
～93歳のBさん
高齢者にはつらい入院リハビリ

　吉岡正和先生は私の訪問リハビリを支援して下さる医師である。先生から新規の訪問対象患者として，Bさんの連絡をもらったのは2005年3月。「昨年11月末に脳梗塞発症，右片麻痺で失語症があり，リハビリテーション病院に転院後次第にうつ状態となった。コミュニケーションが取れず，食事も十分に取れなくなった，というケアマネからの連絡だが」という先生の説明だった。「分かりました。私から先方に電話して伺ってみます」。

　後日吉岡先生から訪問リハビリテーション指示書が出た。Bさんは大正9年生まれの85歳の女性。Bさん宅に電話を入れると同居している娘さんが出た。吉岡先生から得た情報を確認するように，状況を伺うと娘さんはいろいろ話してくれた。

　「総合病院の脳外科からリハビリテーション専門病院に移って，しばらくはリハビリの先生たちとうまくやっていました。それが次第に訓練に乗らなくなって，元気が失われていったんです。食欲もなくなり，それまで常食をいただいていたのに全く食べられなくなり，ミキサー食が出されるようになりました。MRIを撮っても再発とかではない，ということでした。話し掛けても反応は乏しく，表情も暗くうつむき加減で，以前の元気な母と全く違うんです」。結局のところリハビリどころではなく，特に身体的な原因も見当たらなかったので，病院を急遽退院してきたという。帰宅後も状態は好転せず，うつ病のように気分が落ち込み元気が出てこない様子。食事もお粥のようなものを気が向いたら少し食べる程度，という。「そうですか……」と私は聞きながら，何が原因か探っていた。

　そしてBさん宅を訪れた。電話で話した娘さんが「こちらにいますので……」と居間に通してくれた。掘りごたつに座っているBさん。なるほど下向き加減で，私が「こんにちは」と声を掛けても反応は乏しい。「ね，こんな感じなんです」と娘さん。その口元は笑っていたが，表情は悲しそうに見えた。私はBさんの隣に座ると，ゆっくり話し掛けてみた。

　「こんにちはBさん。私は言語聴覚士の平澤と言います，よろし

くお願いします」。すると，うつむいたBさんの頭がコクリと，わずかながらお辞儀をするように見えた。そこで今度は「Bさん，どこか痛いところありますか？」と聞いてみた。しばらく待つと，Bさんはわずかに首を横に振る仕草をした。

　簡単な問い掛けに対して理解されているように窺われた。また，わずかながら返答もあった。それならばと「Bさん，声が出ますか？口をこうして"オー"って」と発声を促した。するとBさんはここで初めて私の方を向いた。多少関心を示してくれたのかと，私が繰り返し勧めると，Bさんは私の口元を見ながら弱々しく「ォー」とかすれ声を出した。「いいですねBさん，そしたら今度は口を大きく開けて"アー"ってどうですか？」私の指示に今度も小さい声で「ァー」と返してきた。更に「"オハヨー"って言ってみましょうか」と勧めると，か弱く擦れた声ではあったが「ォハヨー」と言えた。

　「凄いですねBさん」と私が手を叩くと，「お母さん凄いじゃない！」と驚いた声で娘さんが続く。Bさんには笑顔こそなかったものの，ジッと私を見つめていた。「最近は全く声も出さなかったんです」と娘さん。そこで私は「Bさん声をもっと出せるように，ちょっとしたおまじないをしましょう」と言うと，Bさんの背中に回り首から肩にかけてのマッサージを始めた。「どうです，痛くないですか？」「凝っているところありますか？」返答は特にないが，嫌がってもいないようだった。そこで今度は横について顔面及び口腔内のファシリテーションも行なった。

　10分ほどでそれを終えると，私は再びBさんの隣に座った。「Bさん今度は先ほどより良い声が出ますよ」と笑顔で言い，「もう一度"オハヨー"って言ってみましょう」と誘うとBさんはすんなり従った。しかも言った通り，前よりも大きい声を出せた。「いいですねBさん」という私のほめことばに笑顔はまだなかったが，下向き加減だった顎の位置がだいぶ上がり，表情もはっきり見えた。その後「こんにちは」「ありがとう」「さようなら」などの挨拶ことばも促すと同様に発していった。

　「少し疲れましたか？」と私が問うと，Bさんは先ほどとは違い，ハッキリと二度首を横に振った。「そうですか，それでは最後に歌をうたいませんか？」と誘い，特に反応はなかったが，「では今の季節に合った『春がきた』を歌いましょう」と娘さんと歌い始める

と，Bさんも小さい声ながら合わせてくれた。「Bさんお疲れさまでした」と私が左手を差し出すと，Bさんはそれを見て自分の手を重ねてくれた。握手して「またお会いしましょう」と言うと，Bさんはこの時初めて少し笑ってくれた。

家に来てもらえる安心

　帰り際に娘さんが「どうなんでしょうか？」とBさんのことを尋ねてきた。そこで私は考えていたことを伝えた。「Bさんは失語症になって，うまく話せない自分に戸惑い，悩んでいたと思います。そしてうまく話せるようにならないと家に戻れない，と思っていたのではないのでしょうか。それなのに，いくらリハビリしても改善しないことに苛立ちを感じていました。早く家に帰りたいのに困ったこと。一体どうしたらいいんだろう……，と自分を追い込んでいったのかも知れません」。私はそう話し「家庭訪問でリハビリしていけばきっと良くなっていく，とお母さんに伝え，励ましていくといいと思います」と加えた。

　Bさんのところへはその後，週に1度訪問していくことになった。肩の緊張を落とし，口腔顔面の冷刺激によるマッサージ。呼吸，発声，構音訓練を促し，Bさんも協力的に従ってくれる。「Bさん，凄くいいですね」と言う私のことばに自然に笑顔を見せるようになった。元気のもとはしっかり食事を取れるようになったこと。入院中は不安だらけで，食事が喉を通らなかったようだ。自宅に戻れた安心，そしてもう一つの不安，言語リハビリもSTに家に来てもらえるということで解決できた。

　リハビリ病院では退院時に，自宅から通院で外来リハビリもできる旨を伝えたが，85歳のBさんが車で30分以上かかる病院まで通うというのは大変であり，現実的ではなかった。

　私の訪問時に常に一緒にいる娘さんにすれば，「母の失語症」について学んでいける。家に帰った当初は戸惑いがあり，どう接していけばいいのか悩みの種だった。「ことばが出ないときには"あいうえお表"を使うとどうですか？」と娘さん。「いや，それはほとんど役に立ちません」と答え，はい・いいえで答えられる質問をし，文字（漢字単語）などを示すと理解を助けることを知らせた。また，「家ではどんな訓練をしていったらいいですか？」と心配そうに聞

いて来た。「"訓練"というのはあまりしたくありませんよね，ましてやお母さんの年齢では」と笑い，「少しゆっくり話し掛けていって下さい。『これは何？』なんて無理に言わせる必要はありません。普通に楽しくコミュニケーションを取っていけばいいと思います」。

「ここにいるから」「またらいしゅう，お目にかかります！」

　Bさんの訪問は2013年7月現在，まだ継続中だ。その後風邪ひとつひくことなく，93歳となっても元気に生活している。訪問開始時に行なっていた発声や構音に関する訓練は，しっかりスムーズに発声できるようになり，2ヶ月ほどで終了した。

　失語に関しては氏名と家族の名前，住所と年齢などお決まりのQ＆Aを毎回している。いつも決まったところでつまずいたり，スムーズに言えたり，和やかな雰囲気である。写真カードを使ってのやり取りも，"ことばの訓練"ではなく，"コミュニケーション遊び"といったところか。ことば数は少ないが，「ここにいるから」が得意である。「どこかお出掛けしましたか？」という質問に首を振りながら「ここにいるから」と答え，「吉岡先生が往診に来ましたか？」にはうなずきながらやはり「ここにいるから」と返す。どこにも行きたくない，ここ（家）が一番いいから，と告げているように聞こえてくる。あの病院での日々がBさんにとってトラウマのようになっているのかも知れない。

　Bさんにはもう一つ上手に言えることばがある。いつ頃からか，訪問が終わる時に私と握手をしながらBさんが一言。「またらいしゅう，お目にかかります」。一音一音ゆっくりと放つこれは，いつまでも続けていきたい思いが広がるようだ。

たとえ一度の訪問でも
～四国のＣさんを訪ねて
速達と電話での訴え「教えてほしい」

　四国に住む男性から速達の封書が届いたのは2007年12月だった。「不躾で申し訳ないが」で始まるこの書面には，差出人の妻が脳梗塞で失語症になったことが記されていた。

　Ｃさんの妻は60歳代前半という。10月末に倒れ，救急病院に搬送され的確な処置を受けた。ただ梗塞部位が左脳であったため右片麻痺と失語症が後遺症としてあった。早期にリハビリテーション専門病院に転院し，PT・OTの訓練とともにST訓練も積極的に行なわれた。上下肢とも比較的麻痺は軽く，ADLは早くに自立した。それに比べるとことばの改善は思うようには進まず，夫婦間のコミュニケーションさえうまく取れない状態だった。「失語症です」と主治医に言われ，それは如何なる症状で，どのような経過を辿り，果たして治るのかどうかなど，書面全体にＣさんの嘆きと，慌てふためいている様子が窺われた。このＣさんにとっては，たとえどんな些細なことでも知りたい，何かにすがりたい思いであったに違いない。そこで何で知ったのか，私に連絡してきたのである。

　急を要するだろうとすぐに返事をと思っている矢先，Ｃさんから電話があった。速達が届いたその日の夜だった。「突然で申し訳ない」というお詫びの後，Ｃさんはすぐに封書の内容，妻の症状について繰り返すように説明された。やや興奮気味にそれを一気に話されると，口調は次第に落ち着いた。「病院のSTに不満はありませんが」と断りながら「今後どうなるのか先生にお聞きしたい」と投げ掛けてきた。病院の担当STからは「きっと良くなります」と励まされたという。

　奥さんは2ヶ月間，毎日のようにST室での機能訓練を受けてきた。最も改善に期待が望める時期であり，ある程度コミュニケーションが取れるレベルにまで改善した。ただ，まだまだ病前のようにスムーズな意思伝達ができるわけではなく，夫婦共々気に病んでいた。「2ヶ月ほど経ちまして，妻はもう退院したいと言うのです」。この奥さんだけでなく，身の回りのことができるようになった女性患者は，病院でいつまでものんびりしていたくない場合が多

い。「病院にはあと1ヶ月ほど入院可能で，その間は毎日ST訓練も受けられます。退院してしまうと外来で週に2回くらいしか受けられないそうです」。帰宅してしまうと訓練回数が減り，それで症状が後退したり，回復速度が遅れたり，十分な機能到達点までいかないのではないかと，不安な点を私に寄せてきた。

　「ストレスを持って入院しているよりも，実生活の中で生きたコミュニケーションをしながらの方が失語症の改善につながると思います」と私は伝え，STのいる施設やその数に地域差はあろうが，「リハビリ病院で週2回も外来加療できるのはこの時勢，比較的恵まれた環境ではあるのですが…」と言い加えた。Cさんは「そうですか……」と悩む口調だったので，「私は奥さんを直接診ておりませんので，今担当のSTにその旨お尋ねしたらどうでしょうか」と助言し電話を切った。

「がんばれば良くなる」と言われ

　2008年が明け，正月気分も抜けて通常の生活に戻った頃だった。Cさんから再び速達が届いた。その後の経過として，奥さんの希望通り昨年12月末，病院を退院し自宅に戻った。家に帰って落ち着いて，いい正月を迎えられたという。病院には週に2回，外来でSTを受けるようになった。これで万事解消されたかと，心が晴れる思いだったのに，新たな心配，それも以前よりも悩ましい問題が生じたので相談したい，という文面だった。

　「失語症に関してはだいぶ良くなってきていると思います。でも……」と記すCさんの手紙には，「ここにきて妻が病院に通いたがらない」とあった。Cさんの話や文面から奥さんの失語症分類は，失名辞を主症状とする健忘失語と推測した。奥さんはある日，それまでとても気がかりだったこと，「いつになったら（失語は）治るのか？」をSTに尋ねた。するとSTは「今とても良くなっています。このままがんばればもっと良くなっていくでしょう」と，奥さんを励ましながら笑顔で答えたという。「私はそれを文字どおり好意的に受け取ったのですが，妻は正反対でした」。

　「がんばれば良くなる」は裏を返せば「がんばらないと良くならない」である。では，いつまでがんばればいいのか？それはやはり良くなるまでだろうか？だとしたら，良くなるというのはどんな基

準だろう？病前の状態にできる限り戻ることなのか？だとしたら，かなりの時間が必要である。見通しが立たない未来に向けて「とにかくがんばりましょう！」と励まされても，受け入れられる人はほとんどいないはず。逆に「もうしたくない」と拒否につながる可能性が高い。

　奥さんはこの点でかなり悩み，夜もあまり眠れなくなった。失語症によってなくしたことばや文字，この全てを取り戻さなければならない。その努力をいつまで怠らないよう続けていくのか，考えただけで気持ちは重くなるばかりだった。そんな重圧に奥さんは次第にうつ状態になりかけていった。病院にも行きたがらず，家でのことばの練習も全くしなくなった。Cさんはそんな妻の異変に気付き，二通目の速達便を私に送ってきたのだった。

　「私どもで山梨へ飛んで行きたいのですが，今の妻の状態ではとても行けません。どうか，当地へおいでいただけませんか？」。Cさんは今の状況を打破したい思いでいたが，どうしたらいいのかと思案に暮れていた。私は状況をお聞きしながら，役に立てるかどうかはともかく，お話だけでもゆっくり伺いに行こうかと思った。スケジュール帳を開くと，1月末の土日がちょうど空いていた。「よし，行ってみよう！」と腹を決めた。ただ，わざわざそのために来られたとCさんに気を遣わせてはと思い，息子と一緒に旅行気分で出掛けることにした。

気持ちを汲み，生活に照らして答える

　私と息子が空港に到着すると，Cさんが迎えに来てくれていた。Cさんの車で自宅に向かい，その道すがら「もう訓練には行かないと言っていまして」と，奥さんがST訓練を完全拒否している話を車内で聞いた。Cさん宅に入ると奥さんは笑顔で迎えてくれた。挨拶の後，それぞれの県の話などを楽しく交わした。Cさんが「息子さんと弁当を買いに行ってきますから，あとよろしくお願いします」と席を立った。Cさんがいると奥さんも遠慮がちになるのでは，と気を遣ってくれたようだった。

　私は奥さんと二人でいろいろ話していった。奥さんは初めはかなり緊張していたが，次第に気持ちもほぐれ，ゆっくり話していってくれた。会話の中では語彙障害による渋滞が時折みられたが，たく

さんのことを伝えてくれた。「言いたいことばがなかなか出てこない」「好きな読書が以前のようにできない」など，失語による不満を次々に挙げていった。辛い場面などを語りながら感極まり目に涙を浮かべる場面もあった。だがこうして不服を発散していくうちに，奥さんの気持ちは自然と落ち着いていったようだった。私はいつもの訪問リハビリと同じように，ことばを失った人の聞き手にまわり，伝わる喜びを享受いただけるよう努めた。やがて奥さんの安心した明るい表情にお会いできた時，ここまで来た目的を何とか果たせたかと感じた。

　1時間半くらい過ぎただろうか，Ｃさんと私の息子が弁当を買って戻った。みんなでそれをいただきながら，私はＣさんと奥さんに気付いた点をいくつか伝えた。奥さんは自分の思いをほとんど吐き出せた満足感なのか，私のことばをウンウンとうなずいて聞いていた。奥さんの一番の関心は「失語症は治るのか？」だった。そこで私は「残念ながら元通りには治りません」と答え，「でも楽しいことをしていれば，次第に不自由さを感じなくなります」と私自身の経験や，私が今接している失語の方の話をしていった。

　「みなさん家ではどんな訓練をしているんですか？」とＣさんが聞いてきた。私は「ことばの訓練なんてしていませんよ。みんな出掛けたり遊んだり，家では役割を持ったりして一生懸命に生きています」と何人かの事例を挙げて答えた。「Ｄさんという女性がいまして，よく散歩をしていて必ず近くのスーパーに寄るんです。暑い夏でも館内はエアコンが効いて快適なので，食材を眺めながら馴染みの奥さんと世間話です。以前はあまり話せなかったＤさんが毎日楽しんでいるうちに，気の利いた事を言えるようになりました。これって正に生活リハビリですね」。こんな事例を聞きながら奥さんはニコニコしていた。

　次の日，息子と市内観光をして山梨へ戻ると，数日後にＣさんから電話があった。しばらく心が塞がった状態だった奥さんが，気持ちよく病院に通うようになったという。家ではそれまで見向きもしなかった新聞を読もうと試みているという。「何より一番変わったのは表情です。明るくなったというか，以前の妻のようによく笑うようになりました」。

　失語症は治るのか，それは当事者・家族にとって最も重要な予見

に違いない。病院で行なっている言語訓練は，おおかたST室という閉鎖空間の中で機能面だけに焦点を置いていく。SLTA（標準失語症検査）など標準化された検査上の得点を上げるがための訓練に留まる場合が多い。それによって再評価される検査結果は「2ヶ月前に比べてこんなに改善されました」とSTによって示される。それはテストの答え方が上達したに過ぎないのかもしれず，失語症が良くなったとは決して言えないだろう。なぜなら検査結果がたとえ満点であっても，失語症の苦しみから解放されたと言う人はほとんどいないからである。

　「次第に良くなるでしょう」という漠然とした抽象的表現では，失語症者やその家族は困り果ててしまう。「失語症は治らない」という辛い事実の裏側に，「ことばは元に戻らなくても楽しく暮らしていける」と導いてくれる者がいれば闇夜の灯火，失語症者と家族は安心するはずである。何をどのようにしていけば良い方向に向かうのか，生活に照らして答えてもらいたいものである。訪問STはそこが最も得意とする分野である。

その人の力を引き出す
～「生きていて良かった」Ｅさん

生きがいを失って

　Ｙ市地域包括支援センターの保健師から，問合せがあったのは2008年６月だった。「在宅で生活している失語症の人がいるんですが，Ｙ市まで訪問してくれるんでしょうか？」。なんでも介護保険の調査をしていたところ，Ｅさんということばがうまく使えない74歳の女性にあたった。夫が言うにＥさんは３年前に脳梗塞で失語症になった。「手足に麻痺はなかったのでＳＴ訓練だけ受けていたところ，『だいぶ良くなりました』と３ヶ月で退院させられました」。自宅に戻ったＥさんは，まだ十分に意思が伝えられない状態なため，他の病院に問い合わせたが受け入れてもらえなかった。そこで保健師は"ことばの障害""言語リハビリ"をキーにネット上検索していくと，私のサイトに辿りついた。「在宅訪問」とあり，高齢者夫婦には好都合かとＥさん宅に打診したところ「受けてみたい」という返事――そこで私の訪問エリアを確認してきたのだった。

　「Ｙ市の利用者さんは他にもいますので，曜日さえ合えば訪問可能です」と私が答えると，保健師は「介護認定は受けていないので，医療保険の訪問リハビリとなりますか？」と尋ねてきた。私は「そうです」と答え，「ただ医師からの"訪問リハビリテーション指示書"が必要ですので，吉岡医院を受診して下さい」とその段取りを伝えた。

　数日後，吉岡先生からＥさんの指示書が届いた。早速にＥさん宅に電話を入れるとご主人が出た。簡単に挨拶を交わし，初回訪問の日程調整を行なった。それがことなく決まり電話を切ろうとしたところ，ご主人が一言「まだリハビリが始まってもいないのに，妻はとても楽しみにしています」。私に対してというより，"ことばの訓練士"へ寄せる思いであり，失語症者の誰もが期待感を抱く。Ｅさんは失語症の訓練をたかが３ヶ月で終了させられ，どんなに心細い思いでいただろう。私自身もそんなＥさんに早くお会いしたいと思った。

　Ｅさん宅への初回訪問日，約束の時間に訪ねると，玄関で私を迎えてくれたのはＥさん本人だった。「こんにちは，はじめまして，平

澤です」。私が笑顔で挨拶すると，Eさんは白い歯を見せ，とても嬉しそうな表情で「どうも，どうも」と頭を下げた。「さあ，さあ」と私に上がるように手招きし，ソファやサイドボードの置かれたリビングルームに案内された。ソファの横にはご主人が立っていて「さー，どうぞ」と座るように勧めてくれた。

　私とEさん夫妻の三人がそこに落ち着き，挨拶等を取り交わすと，私はすぐに保健師から伝えてもらった事柄を確認していった。手足に麻痺はなく，掃除，洗濯，調理といった家事は以前同様可能だという。ただ金銭を使う買い物と，会話が必要な電話応対は十分でないという。77歳の夫と二人暮らしだが，すぐ隣に娘夫婦が家を構え，孫娘二人も含め頻繁に行き来していた。私の問いに答えるのはほとんど夫だが，それを「Eさんそうですか？」と私が本人に確認していく。Eさんは簡単な問い掛けならある程度可能だったが，少し難しい単語や言い回しになると，のみ込めないようだった。

　「以前は踊りの稽古が何より楽しみだったのですがね……」とご主人が話し，隣でEさんがウンウンとうなずいている。Eさんは若い時から日本舞踊を習い，毎週の稽古には欠かさず参加していた。踊ることもだが，教室を通して知り合った多くの仲間と過ごす時間が貴重だった。年何度か開催される発表会に向け仲間と稽古に励んでは食事会や一泊旅行などに出掛けることは，Eさんの生活において欠くことのできない楽しみだった。「ことばが通じないのではね」とご主人が吐き出すように付け加えた。

　入院中に見舞いに来てくれた踊りの仲間たちに，退院後お礼をと舞踊教室に行ったところ，失語症のためEさんは十分に意を伝えられず困惑した。何十年も共に楽しんできた仲間たちと，もう一緒に踊れなくなってしまうのではと，心に大きな痛手を負ったEさん。その後数回，恐る恐る教室に出掛けるも，踊りを口頭で指導されても理解できず，仲間とのコミュニケーションもうまく取れない。そんな自分に耐えられず，以降は顔を出さなくなったという。

新たな人生，新鮮な日々に喜びを

　リビングルームの横に四畳半の和室があり，掘りごたつ式のテーブルが置かれていた。「ここを使って下さい」とご主人に言われた。言語リハビリのスペースとしては最適だった。病院のST評価があ

れば助かるのだが，ないという。症状を摑むため，Ｅさんに失語症検査をさせてもらった。発話は流暢であるが音韻性の誤りがみられ，聴理解の障害もあるため言い誤りにも気付かない。自分の氏名だけは言えたり書けたりするが，夫の名，住所などは困難だった。聴理解，読解とも単語で８割程度，文レベルでは短く単純な内容なら何とか可能というレベルだった。この状況で「だいぶ良くなりました」と訓練を打ち切られたら堪らない。病院という組織の中で異を唱えることは難しいかもしれないが，病院で働くＳＴは，失語症者が在宅となってどんな苦労が生じるのか，気にはならないのだろうか。身体に麻痺がなく，会話の理解ができず，誤ったことを言っても修正できないＥさんに対して，以前からの知り合いからは「ボケてしまった」と誤解されかねない。退院してから３年，私はＥさんの顔を見ながら，不安と悩みでどんなに大きなストレスを感じてきただろう，と気の毒で仕方がなかった。

　ただ救いはＥさん自身が「良くなりたい」という思いを強く持っていたことと，夫の協力だった。私が宿題として残す課題に，いつも夫婦で取り組んでくれた。週に１回というペースで開始した訪問リハビリ，「回数を増やせませんか？」とご主人から頼まれた。「妻が先生とのリハビリの時間をとても楽しみにしていまして，週に２回やりたいと言うんです」。そこで日程調整をし直して，Ｅさんの訪問をもう一回増やすことにした。Ｅさんのような感覚性失語の場合，回復は聴理解の程度による。病院では十分な機能訓練ができなかったとみて，写真カードや文字カードなどを使用しての理解訓練，文字操作機能を使用しての発話訓練など，宿題を含めたっぷりなプログラムだった。

　３ヶ月，６ヶ月とＥさん宅へ訪問しているうちに，ある変化が徐々に出てきた。聴理解が改善され，自らの発話におけるフィードバック機能も上がった。以前とは違い，錯語に自ら気づき修正しようとするようになった。よって会話での話し掛けや問い掛けに，さほど臆することなく対応できるようになった。「みんなからいいって言われます」。夫や娘夫婦などと話す機会に，コミュニケーションが上手に取れていることをＥさんは嬉しそうに話してくれる。「来月の初めに踊りの発表会があり，妻は稽古を休んでいますが，発表を見に行こうかって言っているんです」とご主人が私に話してくれ

た。仲間と離れて3年半，この間，仲間からEさんに誘いはあったものの，本人は拒み続けていた。「いいんじゃないですか，話すのは十分ではありませんが，最近の状態では無難に対応できると思います」と私が背中を押すように言うと，隣で「そうそう」とEさんは笑ってうなずいていた。

　「とても楽しかったです」。日本舞踊の舞台を見に行ったEさんの感想である。観客席で見たEさんが，終了後舞台裏の仲間を訪ねた。「おめでとうございます」とEさんが挨拶に現れると，みんなからとても驚かれ，盛大に歓迎されたらしい。「お元気でした？」「もう病気の方はいいの？」と体調を心配されたり，「またお稽古に出てきませんか？」「食事会にも行きましょう」と誘われたり，Eさんはみんなの温かいことばに，天にも昇る気持ちだったに違いない。同行したEさんのご主人が，その様子を目にして思わず目頭が熱くなったと言う。「脳梗塞で失語症になり，喋れないまま退院してきたので，夫婦共々不安な日々を送っていました。先生が来てくれるようになって，妻は新鮮な日々を送れるようになりました。正に新たな人生のスタートでした」。かなり大げさにEさんのご主人は話してくれたので，私は「ありがとうございます。でもいい流れに持っていったのはEさん自身です。良くなりたいと一生懸命でしたから」と話した。

最後まで自分らしく

　Eさんはその後，仲間が待つ稽古場に通うようになった。なかなか新しく学ぶ振りなどを覚えるのが難しく，苦労ではあったがみんなに励まされ，楽しく過ごせるようになっていった。私との訪問リハビリではその後も理解訓練を中心に自由会話の時間が増えた。踊りの稽古場での話題や孫娘の様子など，Eさんはたどたどしくも楽しく私に伝えてくれた。

　私との訪問リハビリが1年を超えた8月中旬のこと。Eさんがいつものように私の訪問リハビリを月曜，水曜と受けた木曜日の夜だった。十時半という遅い時間に私の携帯電話が鳴った。誰だろう？こんな時間に，と携帯の画面を覗くとEさん宅だった。私は何かの都合で時間変更かな？とEさんの表情を思い浮かべながら「はい，平澤です」と快活に出た。すると予想外に電話の主はEさんの

ご主人だった。「遅くにすみません……」。いつもは明朗な方なので，改まった口調にドキッとした。「家内が本日，先に旅立ってしまいまして……」。私はまさかの訃報に「えーっ！」と驚愕した。「昨晩急に具合が悪くなりまして，救急車で病院に行ったのですが，心臓から血栓が飛んだらしく脳の広範囲に梗塞が広がって，もう手の施しようがないとのことでした。……早朝に息を引き取りました」。何と応えたらいいものか，私は「ただ信じられない思いで一杯です」という本心だけ伝えた。

　次の日の朝，Eさん宅に向かった。玄関に入るといつも迎えてくれたのはEさんだが，この日は隣に住む娘さんだった。「ありがとうございます。母に会っていって下さい」と通されたのは，Eさんと言語リハビリを行なった四畳半の部屋だった。いつもこの部屋で，そう，つい二日前まで明るい表情で私と練習をしていたEさん──布団に横たわって静かに眠っていた。私はEさんの安らかな表情に手を合わせると，様々な思いを巡らせた。失語症になったがため思いをうまく伝えられず，辛い人生になってしまっただろう。どんな思いで日々を過ごしていただろうかと。

　そこへ喪主で多忙のご主人が現れた。ご主人はEさんの亡骸に目を落としながら静かに話し始めた。「先生にお会いできて妻はほんとに良かったと思います。あの時点で妻の人生は終わっていたようなものでしたから，この1年，以前のように明るく生き生きと過ごせたことを，心から感謝しております」。

　在宅ケアは短期間に機能を改善させ，ゴールへ導くものではない。脳血管障害を起こす人の多くは高年齢者なので，「治るまで」ではなく，「このまま一生」の場合が多い。私は訪問を始めて11年になるが，20名の方が亡くなられている。在宅の失語症者や家族に「ことばは駄目だったが，良い人生だったなあ」という思いで最期を迎えてもらえたら，訪問STの大事な役割を果たせたことになるのではないか。

人生の満足度
～Fさんの生き方を支える
「呆けてしまった」とうつ状態に

　X市のFさん宅から，電話で問合せがあったのは2003年3月だった。「夫が昨年9月に脳梗塞になり，右半身麻痺になりました」と奥さんの話は始まった。Fさんは63歳で，山梨県特産のブドウ農家で長年働いてきた。9月は収穫の真最中で，この時期は猫の手も借りたいほど忙しい。気が焦る中，奥さんと早朝の作業に励んでいたFさんは，ブドウ棚の下にグズグズと倒れたという。「病院には1ヶ月入院しまして，その間に簡単なリハビリを受けました。でも，その後はリハビリを受けることなく現在に至っています。幸い麻痺は軽かったので，今は普通に農作業もできています。それがどうしたことか今になって，ことばが出にくいと訴えるようになりました。病院では言語障害と診断されたことはありませんでした」。そこで，奥さんが市の保健課に相談してみたところ，保健師から「STに評価してもらったらどうでしょう？」と勧められた。ならばと娘に頼んで，ネット上で検索したところ，私の訪問リハビリに辿りついたという。Fさんは「呆けてしまったようだ」と奥さんに漏らし，人と交わるのを避けるようになった。「病院で診てもらおうか？」と勧めても首を横に振るのみ，うつ状態に陥ったようだという。

　奥さんが言うFさんの性格は真面目で頑固。責任感が強く不正が嫌い，公私ともどもいい加減な人を許せないタイプだという。趣味は山登りだったが，発病後は全く興味を示さなくなった。「退院してすぐにブドウ畑に復帰しました。手や足は動くのですが，話し掛けても生返事のような対応で，喋るのが面倒臭そうでした。隣近所の人と仕事以外では接触を持ちません。避けているように見えます。仕事についても直接指示をすることもありますが，大半は意味を解せない感じで，私が聞き返すと黙ってしまいます。以前は良く連絡を取り合っていた登山仲間と会うこともありませんし，お誘いもほとんどありません」。

　2003年3月というと，まだSTの訪問リハビリが保険で算定されていない時期である。Fさんは介護認定も受けていなかったので，

医療的情報は電話での奥さんからの話に限られていた。身内の場合，多かれ少なかれ主観が先行するため，症状についてはあまり鵜呑みにできない場合が多い。まずはＦさんに会いに行きたいと思った。問題は，病院で診察など受けたくないという思いがある中で，いきなり自宅を訪れようとしても拒否されかねないことである。特に頑固な性格ということなので，奥さんからうまく取り次いでもらえることを願った。

〈失語症〉と説明，心が解放される

「こんにちは，はじめまして，言語聴覚士の平澤です」。私の挨拶にＦさんは，「あ，どうも……」と軽く会釈したが，ニコリともしなかった。奥さんがＳＴについて，また，私についてＦさんに話したところ，嫌がる素振りもなく，思っていたよりスムーズに受け入れてくれたようだ。Ｆさんのように自分から医療機関を受診することには抵抗を示す人も，訪問という形で提供されれば受け入れることは割合に多いように思う。「この時期もいろいろブドウの方は忙しいですか？」という私の問いに，「えー，まあ……」とそっけないＦさん。奥さんからは，"言語障害の専門家"と聞かされていたし，Ｆさんも真面目な性分だったので，無駄話よりきちんとした評価を望んでいるに違いない。私はすぐに検査に入った。

氏名や住所，家族の名前や趣味などを尋ね，答えてもらいながら，それに関わる追加の質問を一つ二つして，文レベルでの発話を促した。発話は流暢で，構音障害，失文法，プロソディ障害もなかった。発話の冗長性を高く感じたが，認知面での低下はない。ＡＤＬの低下もなく，会話も可能であるため，入院時の医師には〈失語症〉という頭はなく，その後リハビリ病院へ，という話もなかったのだろう。

「Ｆさんの家では野菜畑もあるんでしょ？どんな野菜を作っていますか？」。私の問いにＦさんは「エーと……」と少し考えると，「かぼちゃと葱と……」と二つの野菜を言うと，その後は続かなかった。「ほら，もっと他にもいっぱいあるでしょ」とせかす奥さんを制した後，質問を続けた。動物の名前，花の名前なども同様に挙げてもらったところ，これも一つ，二つくらいしか言えなかった。その他，いくつかの課題を行なってみた。

そして、「大体分かりました」と私はＦさんと奥さんを交互に見ながら、笑顔で「失語症ですね」と告げた。「シツゴショウ？」と奥さんが繰り返し、Ｆさんは不安げな表情で私を見た。初めて聞く〈失語症〉が、夫婦の不安を掻き立てているようで、私はここがＳＴの大事な役割と、Ｆさん夫妻に症状を説明していった。ことばの障害であり、認知症ではないということ。また、リハビリによって回復が望めること。ゆっくりと、Ｆさんの目を見ながら説明していった。奥さんは何となく理解できた様子で、「ならばお父さん、リハビリしていったらいいよ」とＦさんに勧めた。呆けたのではなく、脳梗塞によることばの障害であること。リハビリをしていくことで次第に快方に向かう、という情報は夫婦にとってかなりの安心材料だった。特にＦさんは、得体の知れぬ寄る辺のない状況の中で、如何に心細かったことか。原因が明らかにされたことだけで、だいぶ心は軽くなったに違いない。初対面の硬い表情から、少し穏やかな面持ちになっていた。
　居間の茶箪笥の上に、山男三人が並んだ写真が置かれていた。「Ｆさん、これは山に登った時の写真ですね。どこの山ですか？」という私の問いに、「こりゃあれだ、……甲斐駒だな」と少し思いだすようにゆっくり答えた。そこで私が「甲斐駒ですか、へーっ、北沢峠からですか？」と聞くと、「いや、……でなく……」とことばを探している感じ。私が「もしかして、黒戸尾根からのルートですか？」と聞くと、Ｆさんは「そうそう、黒戸から、そうそう」と嬉しそうに何度もうなずいた。「先生、山に詳しいの？」と奥さんが聞いてきた。「いえ、詳しくはないんですが、山が好きで甲斐駒にも登りました。でも、黒戸尾根からっていうと高低差もあって、ベテランでないと登れないでしょう。凄いですねＦさん」。私のことばに「いやー……」とＦさんは、照れくさそうにはにかんだ。
　普段は無口で、本心をあまり人に言うようなタイプではなかったらしい。仕事上の泣き言や愚痴を言ったりせず、むしろ黙っている方で、粘り強く諦めず、がんばり屋だったという。そんなＦさんだったので、山の仲間からもまとめ役として信望が厚かった。それが脳梗塞の後、ことばがうまく使えないことを、誰にも言えず惨めに過ごしてきた。山の会にも病後は一度も参加していないし、近所の寄り合いには奥さんが代理で出て、畑以外はほとんど姿を現さな

くなった。そんなこともあり，私の週に一回の訪問は，外気に触れる機会とでもいうのか，Ｆさんには好評だった。

回復尺度は生活満足度

　ＳＴの機能的訓練を病院では受けられなかったＦさんに対して，私が作成した訓練プログラムに沿って，訪問リハビリが始まった。奥さんのことば通り，Ｆさんはとても真面目な性格で，宿題プリントも積極的に取り組んでくれる。徐々に苦手だった語想起が改善され，会話での渋滞もあまりなくなった。Ｆさん自身も話しやすくなっていることを感じていただろうし，日常接している奥さんも気づくようになっていた。ブドウ畑での作業はその時期ごと忙しい。房づくり，ブドウを種無し化するためのジベレリン処理，傘かけなど，細かな作業に多くの時間を費やす。私の訪問は毎週午前中の早い時間だった。最盛期には助っ人を頼んで，大勢で一気に作業する日もあるので，訪問リハビリは仕方なく中止となることもあった。

　私との訪問リハビリを始めて２年半ほど過ぎた秋──ブドウの収穫も済んだ頃だった。私がＦさん宅に上がり，いつものテーブルに落ち着くと，「これ」とＦさんが何枚かの写真を差し出した。これまでにないことだったので「え？」と私が驚いてそれを見ると，Ｆさんが登山の格好で，二人の仲間と写っていた。「登ったんですか？　山に」。私の問いにＦさんは，照れくさそうに，「大菩薩に，日帰りでね」と答えてくれた（大菩薩嶺は地元の山。中里介山の小説『大菩薩峠』で有名）。仕事も一段落したところで，ふと山に登りたくなり，登山靴やザックなどを用意し始めたという。しばらく登っていなかったので，奥さんからは反対された。「でも仲間と一緒なら，という条件で許したんです。そしたら自分で電話をして，ちょうど都合のいい人がいて，一昨日登って来たんです」という奥さんはあきれ顔，でも目は笑っていた。

　「どうでした？久しぶりの頂上は？」。私の声に，「うーん，いいよ，ちょっとバテたけど」と苦笑いをする。Ｆさんは脳梗塞の後，ことばが不自由になり，得体の知れぬストレスを感じていた。「このまま俺の人生は，閉じてしまうんだろうか」。悲嘆に暮れては仕事も登山も積極性に欠け，沈んだ日々を過ごしていた。〈失語症〉と診断され，「やれば良くなる」情報も得た。実際，少しずつ回復して

きたし，日常的にもだいぶ話せるようになり，仕事上の支障もさほどなくなった。そんな気持ちのゆとりから，前向きな気持ちがじわじわと膨らんできた。「そろそろ楽しい時間を過ごしたい」。そして，登山への憧れが再燃してきた。自分に活を入れるような気持ちで「登ってみよう！」と思い立った。そこで，地元の山なら何度も登っているので一人で大丈夫，と思っていたところ奥さんからストップがかかった。仕方なく，以前からの山仲間に相談したところ，彼らも大いに喜んでくれて，是非行こうと家まで迎えに来てくれたらしい。

　久しぶりの山行は，以前のような足取りでは登れなかったものの，旧友と遠慮なく登山談義を楽しんだという。「近所の人なんかと話を交わす時は，まだまだ窮屈な感じだけど，山の仲間は気を遣わないから楽だ」。昔登った時の素晴らしい光景や，様々な失敗談など，共に経験した数多くの話題で気持ちも癒される。思うように話せないこともまだあるが，それで悩み苦しむようなことはさすがになくなったという。Ｆさんはブドウ畑での仕事にも精が出て，山にも時々誘われては登るようになった。訪問リハビリの時は山の話やブドウの話を一生懸命に語ってくれる。私もそれを聞いては，感想や質問などで返していく。コミュニケーションはキャッチボールのようなもの。しっかりと相手の投げ掛けてくる話題を受け取り，テンポよく投げ返していく。「さー行くよ！」「よしオーライ！」──自然と声が弾み，楽しい時間が作られていく。Ｆさんはそのやり取りに期待しているようだった。

　「もう少し上手く喋れるといいのにな」と時々こぼす。きっと伝える仲間が増えたことで，もっと良くなりたいという意欲も出てきたからだろう。「いつかまた，甲斐駒に登りたいね。黒戸尾根から」。こうしたＦさんの前向きな気持ちをしっかり受け止め，生き方を支えていきたいものだ。

家庭で安全に楽しく食べる
～パーキンソン病のGさん
家族がつなぐケアマネとの間

　介護保険下における訪問リハビリテーションについて，きちんとした知識を持ち，利用者のため有効に運用できる介護支援専門員（ケアマネジャー）が今現在どれくらいいるだろう。もともとリハビリテーション病院で働いていた看護師などであれば，多少は知識として備えているだろうが，福祉士の経路でその道に入った人の場合，いささか実情に暗い状況かと思われる。利用者の介護全般に関する相談援助や関係機関との連絡調整を行なう中で，失語症や構音障害，摂食・嚥下に関するニーズが持ち上がった時，STを把握した上でサービス計画，個別支援計画を作成（プランニング）できるかと問われれば，自信のない人が大半ではないだろうか。

　W市にある介護サービス事業所の女性ケアマネジャーから電話をもらったのは2012年1月。「お宅の訪問リハビリを受けるのには，どのような手続きが必要なのですか？」。こうした問合せが私のところへ届くことは頻繁ではあるが，そのほとんどはケアマネジャー本人が意図した相談要件ではない。「担当している利用者さんの奥さんが，介護保険を使っての訪問リハビリを希望していまして……」とあやふやな依頼の話——私にとっては初めての事業所でありケアマネジャーである。

　私が「失語症ですか？」と尋ねると，彼女の対応は更に曖昧となり，「よく分からないのですが，話がうまくできない人で，食事もうまく取れていないということです」と答えてきた。「原因疾患は脳梗塞とか脳内出血ですか？」と更に聞くと，受話器の向こうで書類を確かめているような間があり，「えーと……，パーキンソン病ってあります」という。ケアマネジャーからの情報では，希望されているのはW市のGさんという68歳の男性で，7年前に神経内科医からパーキンソン病と診断され，徐々に症状が進行してきているという。私のことを知ったのは，昨年秋に地元の合同庁舎内で行なわれた全国パーキンソン病友の会山梨県支部の定例講演会で，という。私は講師として呼ばれ，パーキンソン病の患者・家族に対し家庭でできるリハビリ体操，口腔顔面マッサージと呼吸・発声訓練の

実技などを行なった。30名ほどの受講生の中にＧさん夫妻も参加しており、そこで初めて訪問ＳＴの存在を知った。訪問してもらえるのなら都合がいいと、担当のケアマネジャーに持ち掛けたというのが、相談の経緯である。

　Ｇさんがどのような方で、私の訪問が必要かどうかはおおかた判断できた。ただ担当のケアマネジャーが、訪問リハビリのイメージやＳＴという職種について十分に理解していないようなので、口頭でなるたけ分かりやすく説明していった。特に"訪問リハビリテーション指示書"が出ないことには保険適応にならないので、「私が契約をしている吉岡医院に相談して下さい」と紹介した。ケアマネジャーはこれで何とか繋いでいけそうと、少し安心した口調で電話を切った。

準備をすれば大丈夫

　一週間ほど経った頃、Ｇさんの主治医で神経内科医からの診療情報提供書も添えて、吉岡先生からの訪問リハビリテーション指示書が出た。そこで私の方から直接Ｇさん宅に電話を入れ、奥さんに挨拶がてらご主人について尋ねていった。それによるとパーキンソン病の特徴である小刻み歩行、すくみ足があり、しばしば転倒するという。言語に関しては小声で早口なためとても分かりづらい。奥さんが聞き返すと「もういい」と言って黙ってしまう。食事はスプーンで自力摂取するが、手の振戦があるため口元へスプーンを運ぶ途中に食物がこぼれてしまう。食物も水分も頻繁にムセて、ムセ込みがひどいとしばらくおさまらなくなる。食事時間は大体１時間程という。介護保険を使ってのサービス利用は、整形外科クリニックに週２回行き、ＰＴのリハビリを受けているだけという。病気の進行で話が徐々にできなくなってきた５年程前、近隣のリハビリテーション病院に通い、ＳＴ訓練を始めるもすぐに飽き、数回で終了したという。家には娘と息子がいて、二人とも忙しい仕事の合間、とても協力的だという。

　１月末に訪問が始まった。Ｇさん宅に上がると居間にダイニングこたつが置かれ、Ｇさんはそのこたつ布団を膝に、椅子に腰掛けていた。少し前までは背の低い普通のこたつだった。Ｇさんが一旦床に座ると立ち上がれなくなるため、昨年からこの椅子式のものに替

えたらしい。私の登場に「こんにちは」と小声でにこやかに迎えてくれた。こたつの角を挟んだ位置に私は座り，自己紹介の後，まずはリラックスするような世間話から始めた。「Ｇさんの趣味は何ですか？」と聞くと「何もない」と即座に短く答えた。すかさず奥さんが部屋の壁に飾られた絵画を指さし，「これ全て主人が描いたものです」と答えた。見ると雄大な富士を描いた田舎風景や紅葉に燃える京都の絵など，スケールの大きい油絵の作品が壁に五枚掛けてあった。「え！これ全部Ｇさんが描いたんですか？」。私の驚いた声にＧさんはまたニコニコと笑う。「この病気になる前は仕事の合間によく描いていたんだけど，段々手が震えてきてね」と奥さんはやるせない寂しそうな表情を見せた。「でもこれを描いたのはＧさんであり，一生懸命に仕上げた几帳面さとセンスの良さが絵から伝わるじゃないですか」。私のことばにＧさんはまた笑顔になり，傍らで奥さんも「そうね……」とうなずいていた。

　私はあまり構えた感じではなく，のんびりとした雰囲気でＧさんの状態を評価していった。パーキンソン病によって起こる運動低下性構音障害は，運動範囲の制限，振戦，固縮などが挙げられる。Ｇさんは仮面様顔貌といった表情変化はなく，口輪筋に振戦もない。頸部可動域（前屈，後屈，回旋）は良好，口腔内衛生，歯の状態も良く，口腔咽頭機能は口唇，舌の運動と交互運動に運動範囲制限が若干みられ，運動速度が速かった。発声は気息性嗄声で，大きさ，高さの変化が小さく抑揚に乏しいが，湿性嗄声は聞かれない。会話においては単語か短い文節での発話で，語尾が擦れて聞き取りにくかった。聴診器で呼吸音も確かめたが問題はない。

　10分ほどで大まかな状態を把握すると「少し体に触らせて下さい」と断り，頸部から肩，耳下腺，顎下腺，顔面筋，咀嚼筋，口腔内のファシリテーションを行なった。口腔内は清潔に保たれ，さらさらとした唾液分泌も十分。「奥さん，コップに水を一杯，それに大きいスプーンを一つお願いできますか？」と頼み，Ｇさんに「喉が渇いたでしょう，水で潤って下さい」と水をスプーン一杯勧めた。Ｇさんは恐る恐るそれを口に含むとゴックンと飲み込んだ。「あー」と発声してもらうと湿性嗄声はない。もう一口同じようにスプーンで与え問題のないことを確認した後，「Ｇさん，コップを自分で持って飲んでもらっていいですか？」と勧めた。するとＧさんは水

の入ったコップを鷲づかみにし，口元へ持っていき，ゴクゴクと飲み始めた。一度飲み込むと，もう一度同じように飲み込んだ。「Gさん大丈夫ムセませんね」と私が言うとGさんは「あー」と自ら発声し，安全に飲めていますよと知らせるようににっこり笑った。「ほんと凄いね，お父さん！水がムセなかったね」と奥さんは驚きの声だった。「食べたり飲んだりする前に，ちょっとした準備をすれば大丈夫と思います」。そう言うと，「次に来た時は食事場面を見せて下さい。問題なく食べられるかどうか試したいです」と今後の訪問予定を確認した。

「うまく食べられる」「話がよく分かる」実感

　数日後，Gさん宅へ食事摂取の状況を確かめに，夕飯の時間に合わせて午後6時に訪問した。奥さんにはいつもと変わらない食形態で出してもらえるようお願いしておいた。この日は訪問してまず，前回と同じようにファシリテーションと発声練習を行なった。「この辺をこちらの方向に，このようにマッサージしていって下さい」と奥さんにもやってもらえるように，分かりやすく説明していった。

　食事をテーブルに並べ，いつものように自力摂取してもらった。常食そのもので，肉もしっかり噛まなければならない大きさだった。「いきなり刻んだり，ミキサー食にしたら，もう普通の物は食べられなくなるだろうから……」と奥さんは敢えて挑んでいたのだが，さすがに機能が落ち，ムセるようになってきた。もう限界かしらと悩んでいた時だった。「ではGさん，いつものように食べていって下さい」。するとGさんはテーブルに置かれた食事に，自分の口を近づけるように前屈姿勢になった。右手のスプーンで白米やおかず，味噌汁を口に掻き込むように食べていった。やや口に詰め込みすぎるかと思うくらいだったが，ムセ込むことは一度もなかった。完食してお茶をすするGさん，かかった時間は20分程度だった。

　「えーっ，お父さん凄い！」と奥さんは嬉しそうだった。涼しい表情をしていたGさんに私が「お疲れさまでした」と笑うと，ここでGさんもにっこりした。「大丈夫ですね。今日みたいに食べる前の準備をきちんとしておけば，楽しく食事が取れます」と私のことばに奥さんは何度もうなずいていた。

その後，Gさん宅には毎週訪問リハビリに通っている。「Gさん，食事はどうですか？」と尋ねると「時々ムセる」と答えた。奥さんは「いやいや」という仕草で，「ほとんどムセることはありません。ごく稀に咳込むんです。でも前のような激しい咳込みではないんで，すぐにおさまります」と説明する。食事時間も大体25分程らしい。もうひとつ奥さんが嬉しいのは，Gさんの会話明瞭度が上がったこと。「前は小声で擦れていたから聞き取れないことが多かったけど，だいぶ分かりやすくなりました」。そのせいかGさん自身の話そうという意欲が上がったようである。

　パーキンソン病は日本には12万人の患者がいて，特に65歳以上の0.5～1％にあたるというから，決して特殊な病気ではないといえる。パーキンソン病の治療というと薬物療法が主で，リハビリテーション分野では姿勢や歩行，方向転換，すくみ足といった運動療法における対処法が中心である。「自分は治らない病気にかかり，しかも病気は進行していく。終いには全く動けなくなくなり，人の世話になるようになってしまう」という精神的なストレスによって，薬の効果は半減するともいう。

　助長されていくこうした悲愴感，不安感，失望感に対しては，精神的なリハビリテーションが重要かと考える。訪問STはその意味では大切な役割を担える。患者の病気について十分に理解を寄せるとともに，できる範囲で安全な食事摂取を楽しみ，意思が伝わる喜びを援助していく。「私はいつまでも一緒ですよ」という継続的な生活パートナーでありたい。

長期継続ケアにて未来が広がる

脳梗塞で発症～訪問リハビリ開始

　V市に住む86歳の女性Hさんが脳梗塞になったのは2007年7月だった。数年前に夫に先立たれ，その後一人暮らしをしていた。三人の息子はそれぞれ首都圏で生活していて，代わる代わるHさんの様子を見に来ていた。Hさんは近所づきあいが密だったので息子たちの心配をよそに，心細い思いはあまり抱いていなかった。そんなHさんが畑仕事をしている最中，体調不良を起こした。近所の人にそれを訴え，市内の病院に連れて行ってもらった。内科を受診し，その段階で呂律が回らず，MRIにて前頭葉に脳梗塞が認められ緊急入院となった。上下肢の麻痺は軽度であり，ADLはすぐに自立できた。失語症があり，聞く・読むの理解面は可能であったが，たどたどしく伝える発話で十分に口頭表出できず，書字は漢字単語が多少書ける程度だった。

　市内の病院を2週間で退院し，8月初旬にリハビリ病院に移った。その頃麻痺による影響はほとんどなく，PT・OTは気晴らし的な訓練を多少行なうくらいで，ST訓練が主であった。熱心に取り組むHさんは，入院時に比べ喚語力が改善し，会話はある程度可能になっていった。ところが書字はなかなかうまくいかず，特にかな文字の再学習は困難だった。86歳という年齢でもあり，口頭表出が何とか可能なレベルであることから，担当STも敢えて苦手な書字を行なわないように進めていたようだった。

　4ヶ月後の12月中旬，Hさんはリハビリ病院を退院することになった。自宅に帰り，以前と同じように隣近所の方たちと過ごしたかったHさんだったが，息子たちは脳梗塞の再発の危険もあるので一人暮らしは避けるように考えていた。それぞれの息子が同居を持ち掛けたが，Hさんは山梨を離れることを拒んだ。そこで医療ソーシャルワーカーに退院後の生活について相談したところ，介護付きの老人ホームへの入所を勧められた。入所についてHさんは一応納得したが，失語症の回復はまだ十分とは思えなかったので，STの継続を希望していた。息子がいくつかのリハビリ病院に外来加療を問い合わせたが，条件に合ったところはなかった。探している最中，私の訪問リハビリの情報を入手した。ただ，その施設では介護

保険の訪問リハビリは使えないと施設長から言われた。Hさん宅では保険外，つまりは実費での支払いでも構わないということで，12月末より私は通うことになった。

　Hさんは1921年にV市に生まれ，戦前より小学校教師を勤めた。終戦後，縁あって同じ学校に勤めていた教師の夫と結婚し，それを機に小学校を辞めた。三人の子供を産み，子育てに追われながらPTAや育成会，地域の婦人会活動などに積極的に取り組んだ。子供を三人とも大学まで出し，それぞれ首都圏で就職。やがて家庭を持ち，孫を連れての里帰りを楽しみにしていた。部落の様々な活動には指導的立場で関わり，市の婦人会では長年にわたり代表を務めた。毎年の旅行にも80歳を過ぎてからも同行していた。地域での貢献度は高く，みんなから尊敬され慕われたようである。また，大変律儀で，小学校での教え子などから便りが届くと，必ず丁寧な文面で返信していたという。

　初めてお会いしたHさんは86歳のおばあちゃん，という風貌ではあったが，問い掛けに対する反応や表情や仕草を見るとずいぶんしっかりとした女性という印象だった。失語によりことばは十分ではなかったが，気配りや課題に対する積極性は人一倍感じられた。リハビリ病院から提供してもらったST報告書を確認しながら，Hさんの症状をチェックしていった。発話は非流暢なブローカタイプ。聞く・話す・読むモダリティはある程度改善がみられたが，書く課題がほとんどできなかった。氏名と住所，簡単な漢字が多少書けるのみで，意思を伝える実用性はなかった。

Hさんの書きたい思い

　「病院のSTはあまり書くことをしませんでしたから」。初回に当たりHさんに付き添った息子さんが不満そうに言う。「筆まめなお袋で，電話よりも頻繁に封書を寄こしてくれました」。息子の話していることが分かるようで，Hさんは無言でうなずいていたが，表情は悲しそうだった。

　失語症者の中には，他の部分に比べかな文字の能力が特に低下している人がいる。それによって読み書き能力に影響を及ぼし，特に手紙や新聞，書籍などを読みこなすのが難しくなる。STの報告書には「漢字単語が多少書けるが，実用性に欠ける」とあるだけで，

今後の対策については全く触れられていなかった。リハビリ病院では決められた期間でしか訓練ができないので，その4ヶ月程度の中で結果を出していかなければならない。入院時に検査を行ない，低下している機能面を改善するための訓練プログラムである。1ヶ月毎に同じ検査にて改善度合いを見ていく。失語症は記憶の障害ではないので，短期間における繰り返しの検査内容は大概把握していて要領も得ている。検査成績が良くなったといえるのか，検査に慣れたのか，その点についてはハッキリしない。問題はコミュニケーション能力がどの程度で，生活をしていく上で支障はないか，という点ではなかろうか。病院を退院する失語症者で「これで満足です」と納得している人はどれくらいいるだろう。Hさんにすればかなり不満であり，この失語の状態ではどうにもならない。これからの残された人生を如何に暮らしていこうかと，先が見えない状態であるに違いない。

　「Hさん，今一番困るのはなんですか？」。私が尋ねると，「そうですねー」と私の方を向き，右手で書く真似をして「だめ，だめ」と繰り返した。「書くのがだめですか？書けないと困りますか？」と聞くと，即座に「困ります」と返してきた。ならば訪問リハビリの第一目標は「書けるようになること」と位置づけ，進めていくことにした。「書けるようになるには少し時間がかかると思います。いいですか？それでも」。私が問うとHさんは「はい」と，納得したようにうなずいた。

かな文字訓練開始

　これまで訪問でかな文字訓練を行ない，実用的に使えるようになった失語症者がいた。50代前半の男性で，再就職に向け書字ができるようにと動機づけもしっかりしていた。漢字はある程度書けたが，かな文字はほとんど読み書きできなかった。それでも熱心に取り組む中でかな一文字の音読，書取りが可能となり，やがて日記を書けるレベルにまでなった。結局職場復帰はできなかったが，かな文字が使えるようになったことで，生活上の不安が軽減したようだった。

　Hさんの場合，86歳という高年齢だったため，失われた書字機能を取り戻すのはかなり厳しいのではないかと感じた。同じ理由でリ

ハビリ病院では，手間がかかりそうな書字訓練（特にかな文字）はほとんどされなかった。十分な訓練を受けられなかったという思いが，Hさんには強くあったのだろう。STを希望する一番の理由は「書くこと」だった。私はその思いを踏まえた上で，Hさんの訓練プログラムを組んでいった。

　五十音順に清音のキーワード語（「亜」「医」「宇」など）とその語を含めた単語（「亜鉛」「医者」「宇宙」など），それにかな文字（「あ」「い」「う」など）を並べて書いたカードを作成し，Hさんに渡した。これをかな文字訓練用の教材とし，単語〜単音の復唱，模写を中心に始めていった。私の訪問は週に一度だけなので，施設の職員に相談すると，毎日10分程度"会話の時間"としてHさんに接してもらえることになった。そこで職員にカード提示の仕方を伝え，復唱と書取り課題を手伝ってもらうことにした。聴覚的な要素を伴う練習は，Hさん一人では難しいのでありがたかった。同時に，施設職員に〈失語症〉を理解してもらえる切っ掛けにもなった。Hさんは毎日個人で，また職員と一緒にカードを使い，積極的に「書く」ことに取り組んでいった。始めていくと模写がある程度可能になったので，大学ノートに日付，曜日，天気を記し，新聞の興味ある記事を模写する課題を宿題にした。この日記的な課題をHさんは好み，多少誤りながらも二，三文を毎日書いていった。以前に試みた50代の男性よりも進み方は早く，半年ほどで清音の書取り，音読がほぼ可能になった。濁音・半濁音，拗音も同様に進めていった。

自分の気持ちを伝えたい

　Hさんのところへ訪問を始め，そろそろ1年となる2008年12月初旬だった。少し前から小学校の国語教科書を使い，音読，復唱，書取り訓練を始めていた。こうした課題に取り組む方が学習しているという感覚になるのか，Hさんの書く意欲はより高まっていくようだった。

　施設のHさんの部屋を訪ねると，いつものようにHさんはテーブルの前に座り，私を笑顔で「こんにちは」と迎えてくれた。私が椅子に座るとすぐに「これでどうですか」と，Hさんは広告紙の裏に書いたものを見せてきた。受け取り目を落とすと，丁寧な文字で次のような文面が記されていた。

●長期継続ケアにて未来が広がる

「前略　このたびは私の病気で，ご心配をかけて済みませんでした。お見舞いもありがとうございました。お手紙を書けるくらいに回復しています。お礼が遅くなりました。時節柄，ご自愛くださいませ。草々」

　自宅近所の人や婦人会の仲間，それに小学校の教え子など病院や施設に見舞いに来てくれた方たちにお礼を伝えたいと，Ｈさんは以前より強く考えていた。手紙を書くことは病前のＨさんの日常であり，書く機能の喪失は大きなダメージだったに違いない。かな文字訓練を続けていく中で，早く書けるようになりたいと，必死な思いが私にも伝わってきていた。清音はだいぶスムーズに書いたり読んだりできるようになり，濁音・半濁音も誤りが少なくなった。拗音はまだ十分でなく間違いが多い。それでも毎日の大学ノート書き（日記）では，自ら生活場面での職員や利用者のエピソードや，食事のメニューと食べた感想なども書けるようになった。多少誤りはあるが一生懸命さが窺われる。

　「Ｈさん，とてもいいと思います。この手紙をもらった人はきっと喜ぶでしょう」。私が渡された文章を読み，感想を言うとＨさんは「ありがとうございます」と，安心した表情になった。

　病院では早期退院が求められ，その後の加療も不十分で消化不良のような気持ちにさせられる。しかし関わり方次第で，書く（描く）ことを再学習する力はいつまでも進歩していく。Ｈさんの大学ノートはこの時点ですでに８冊目くらいになっていた。書ける喜び，自分を表現できる面が広がったことで，語彙も増え，冗談も多く言うようになった。以前婦人会でまとめ役をしていたように，施設でも職員に協力的な利用者代表のような存在でいる。失語症になったため書くことを失ったＨさんだが，長期継続ケアにより，明るい未来が広がったようである。今後更にかな文字訓練をしながら，知人との手紙交換を楽しんでいくことだろう。

［フォトドキュメント］
今日もこの道を

写真 大西成明

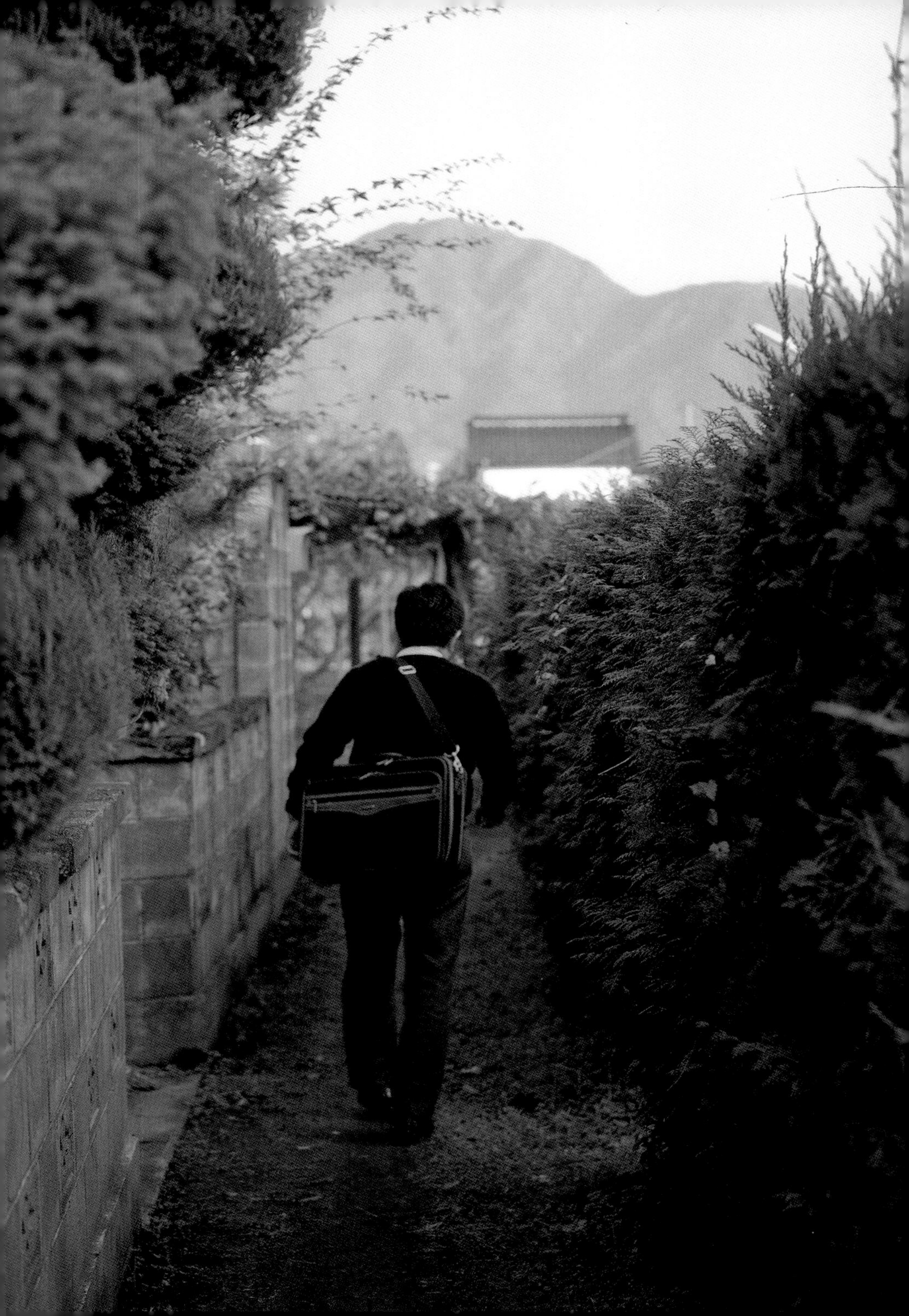

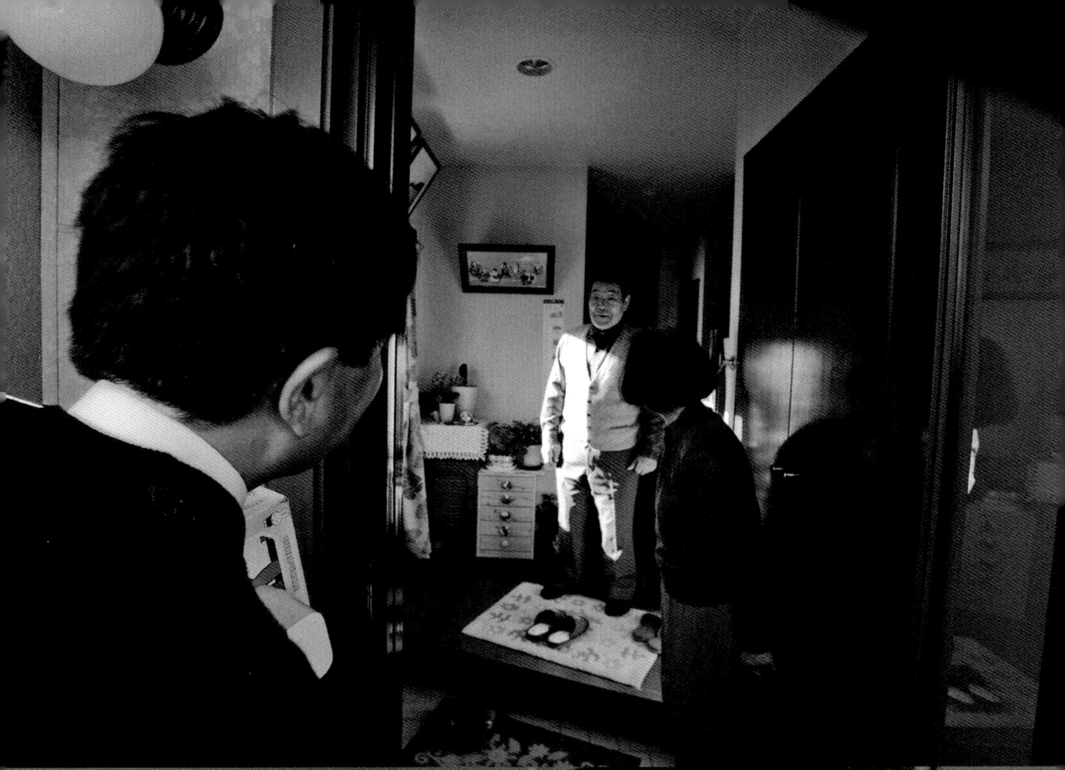

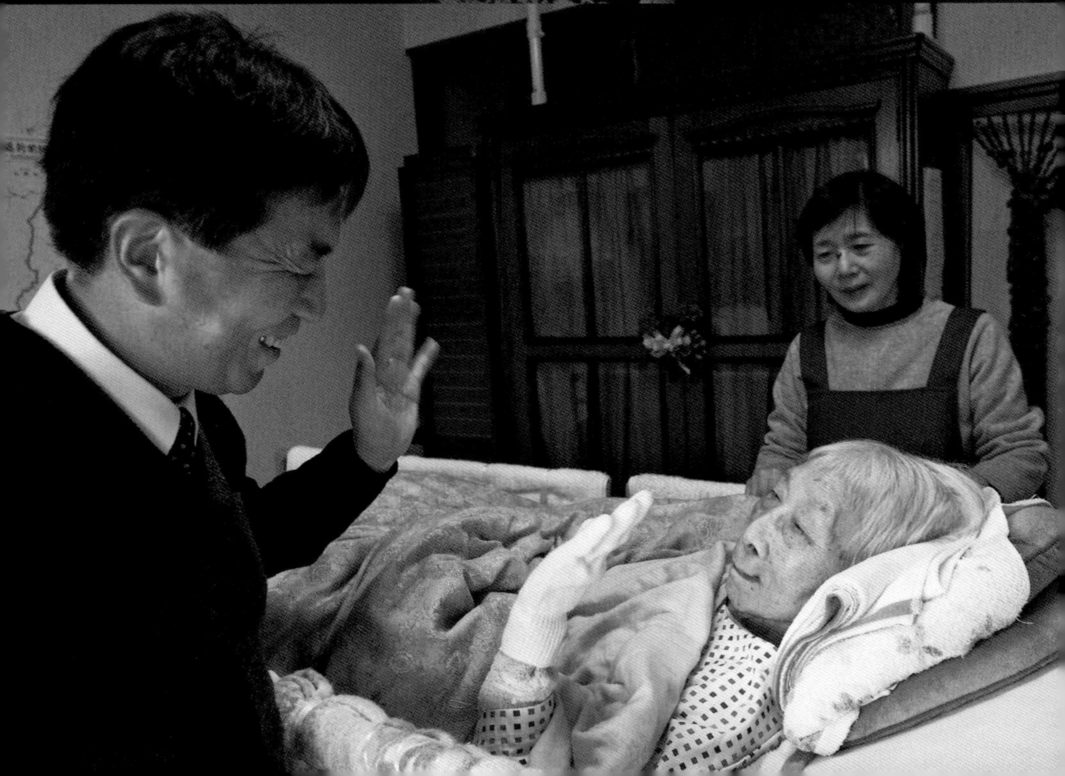

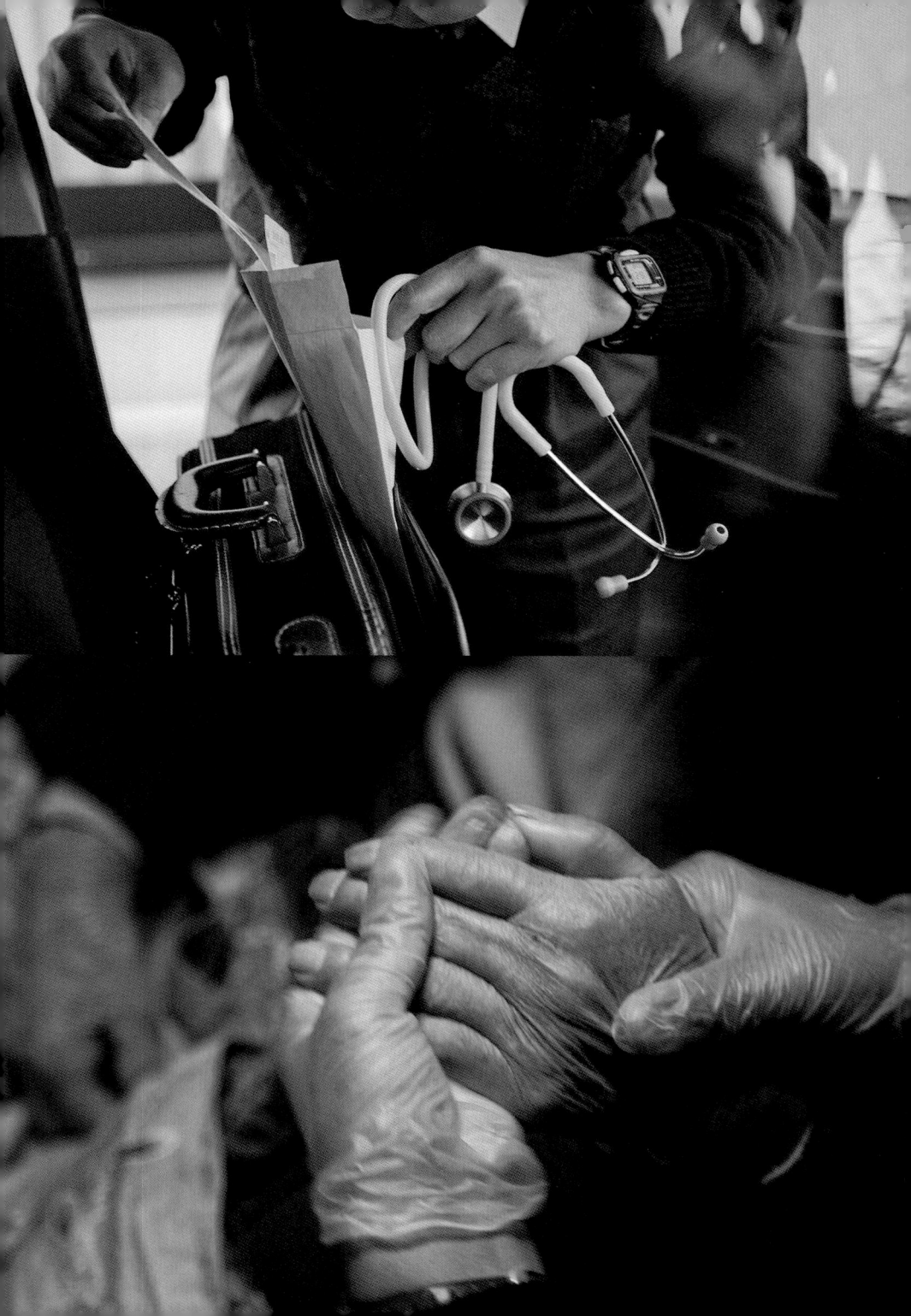

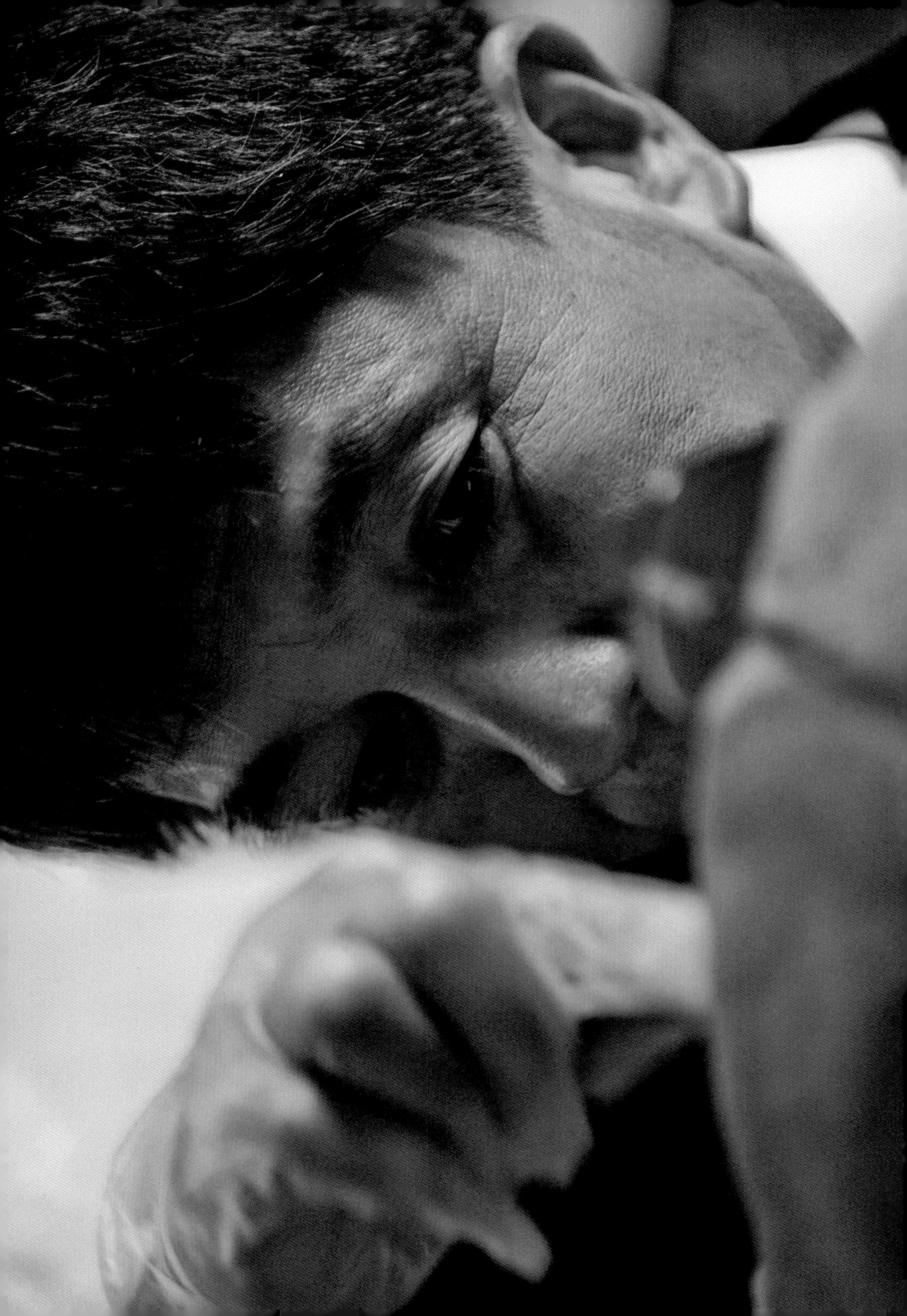

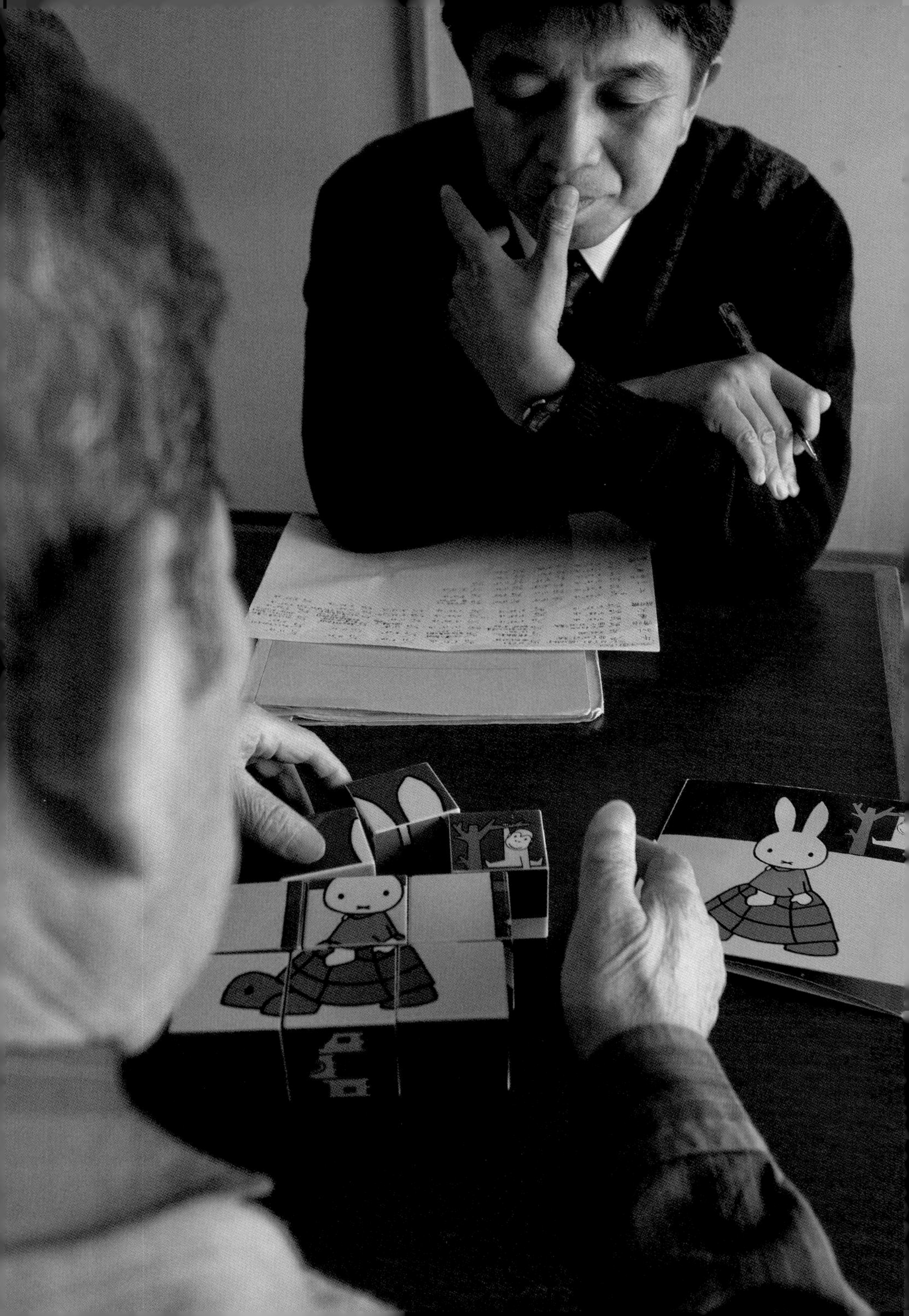

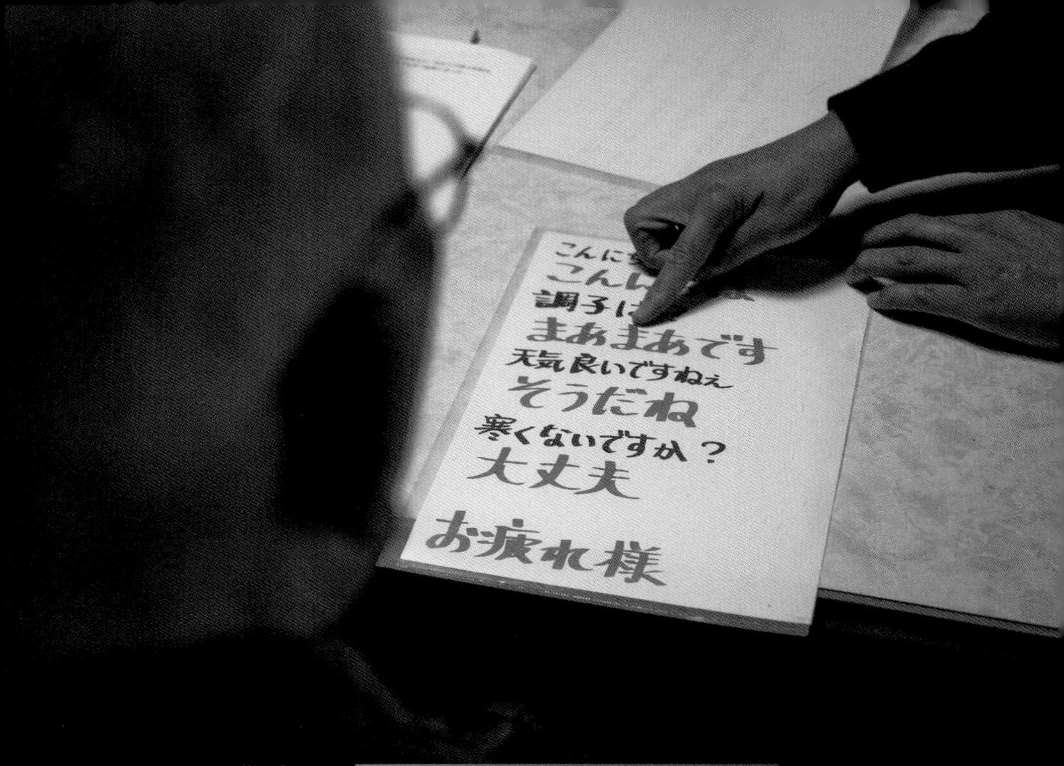
まあまあです
天気良いですねぇ
そうだね
寒くないですか？
大丈夫
お疲れ様

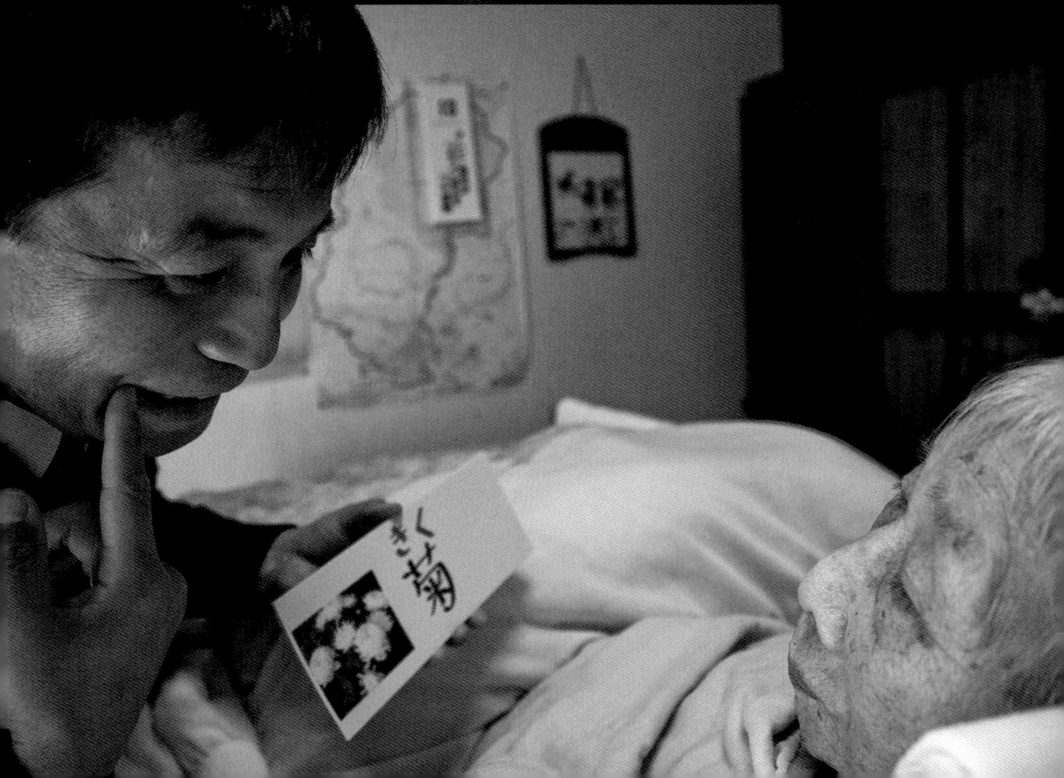
菊
きく

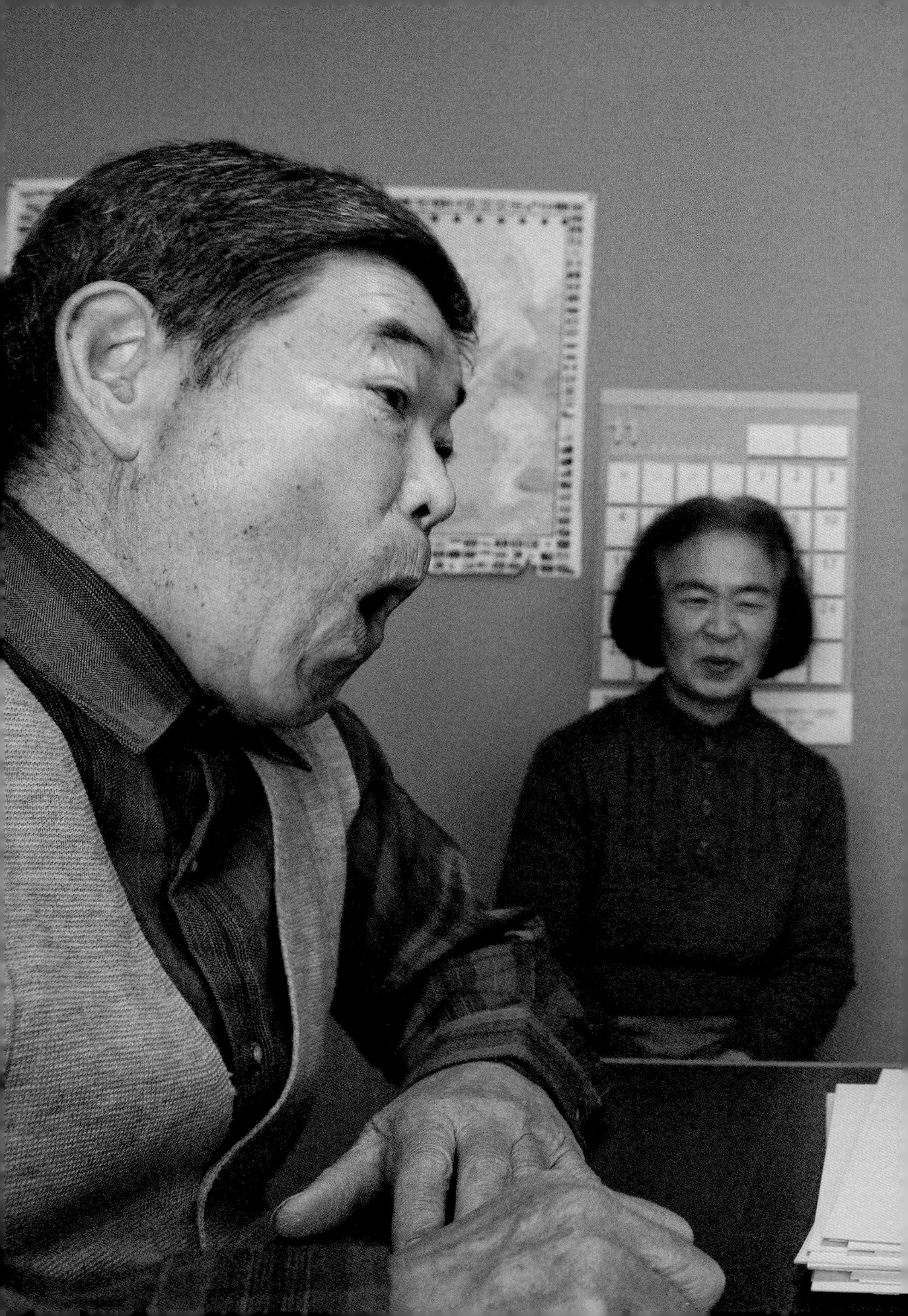

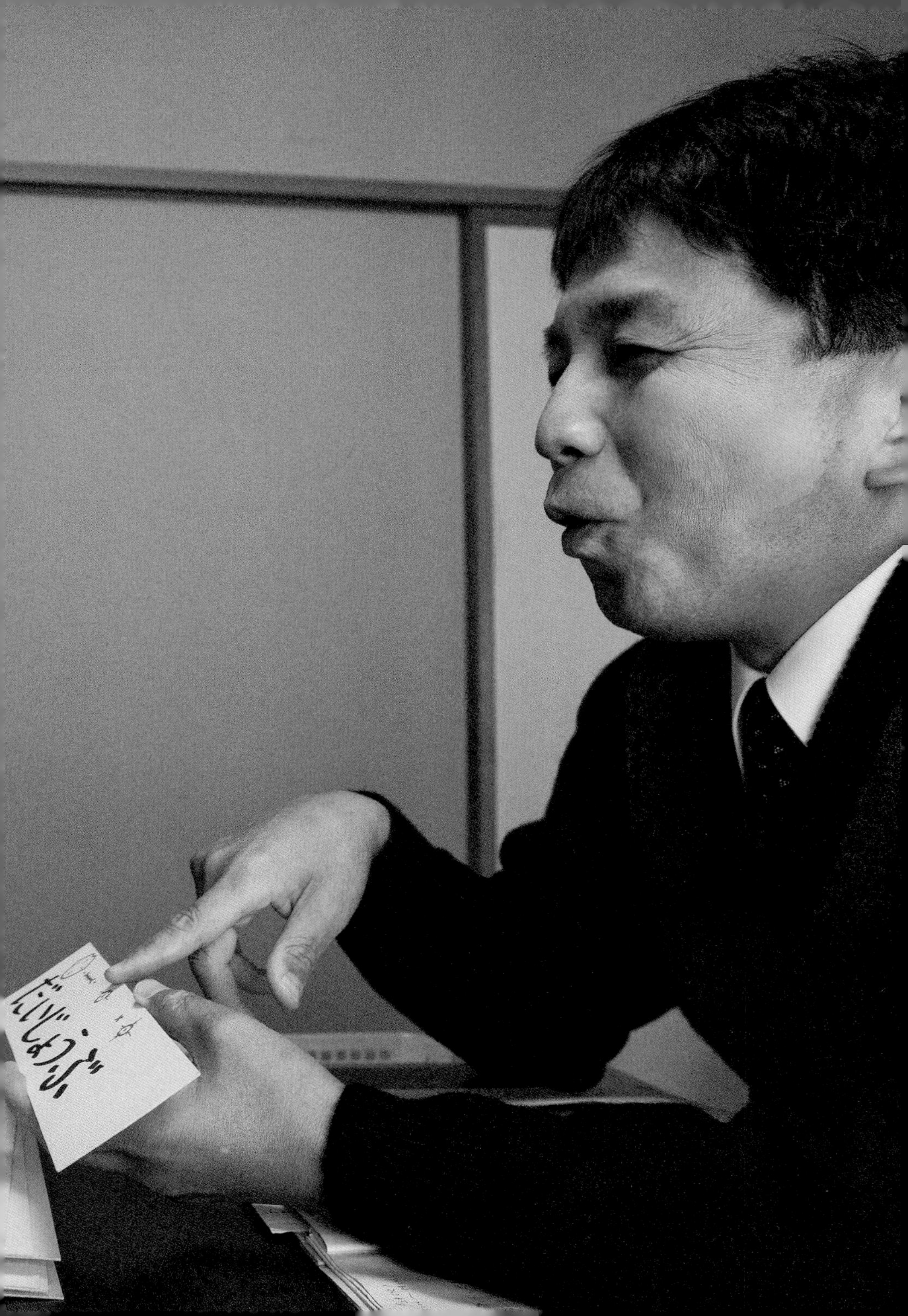

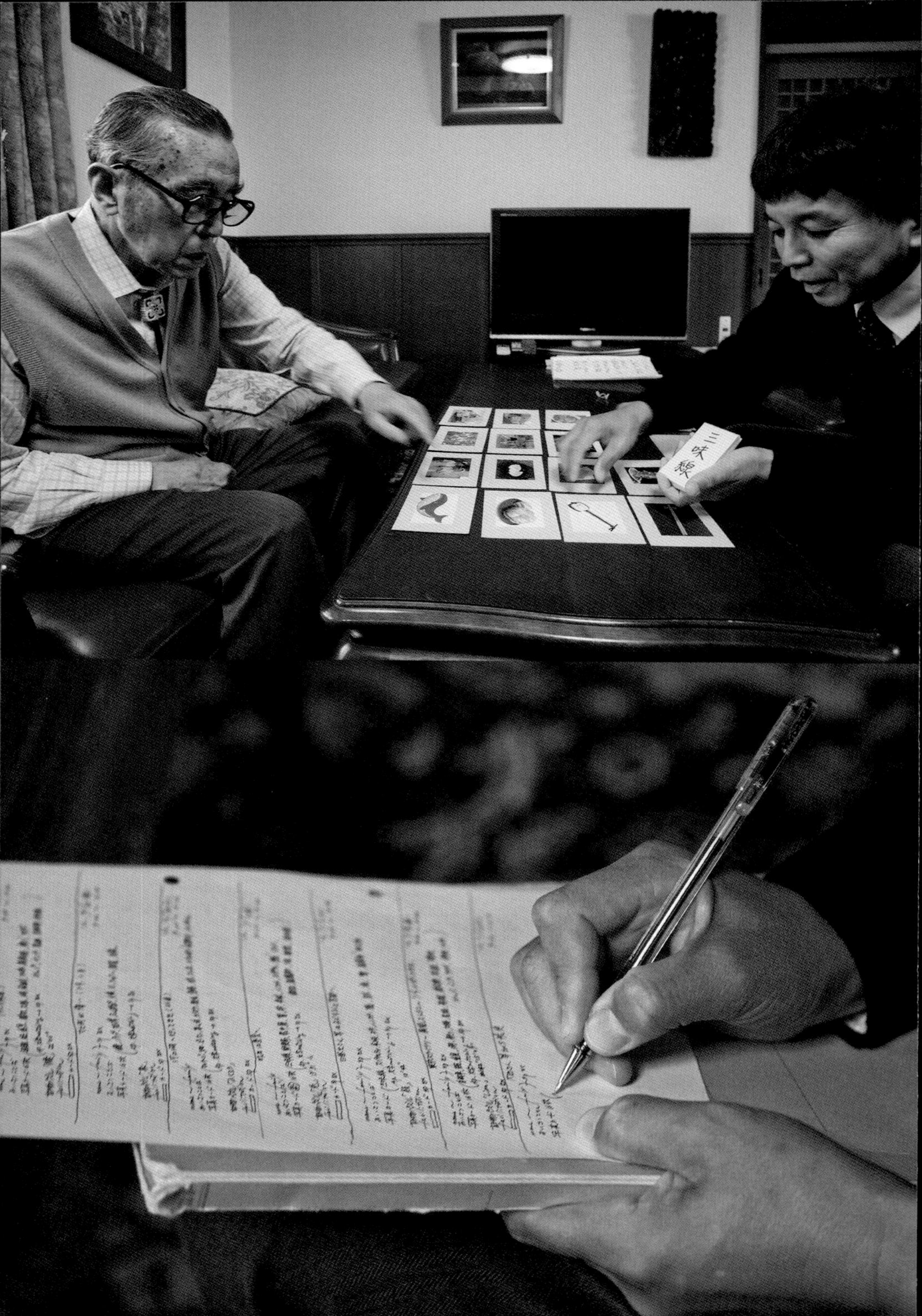
三味線

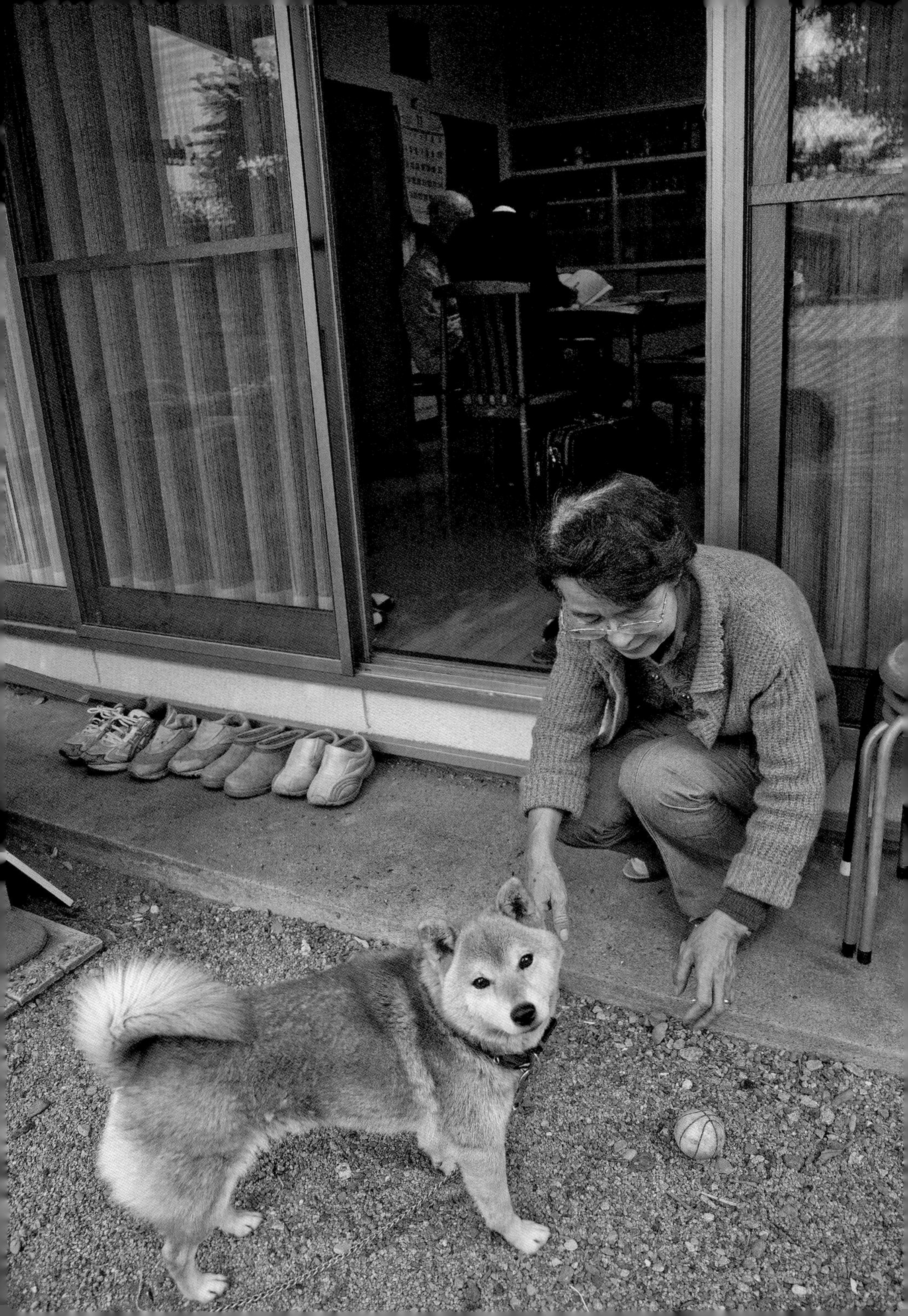

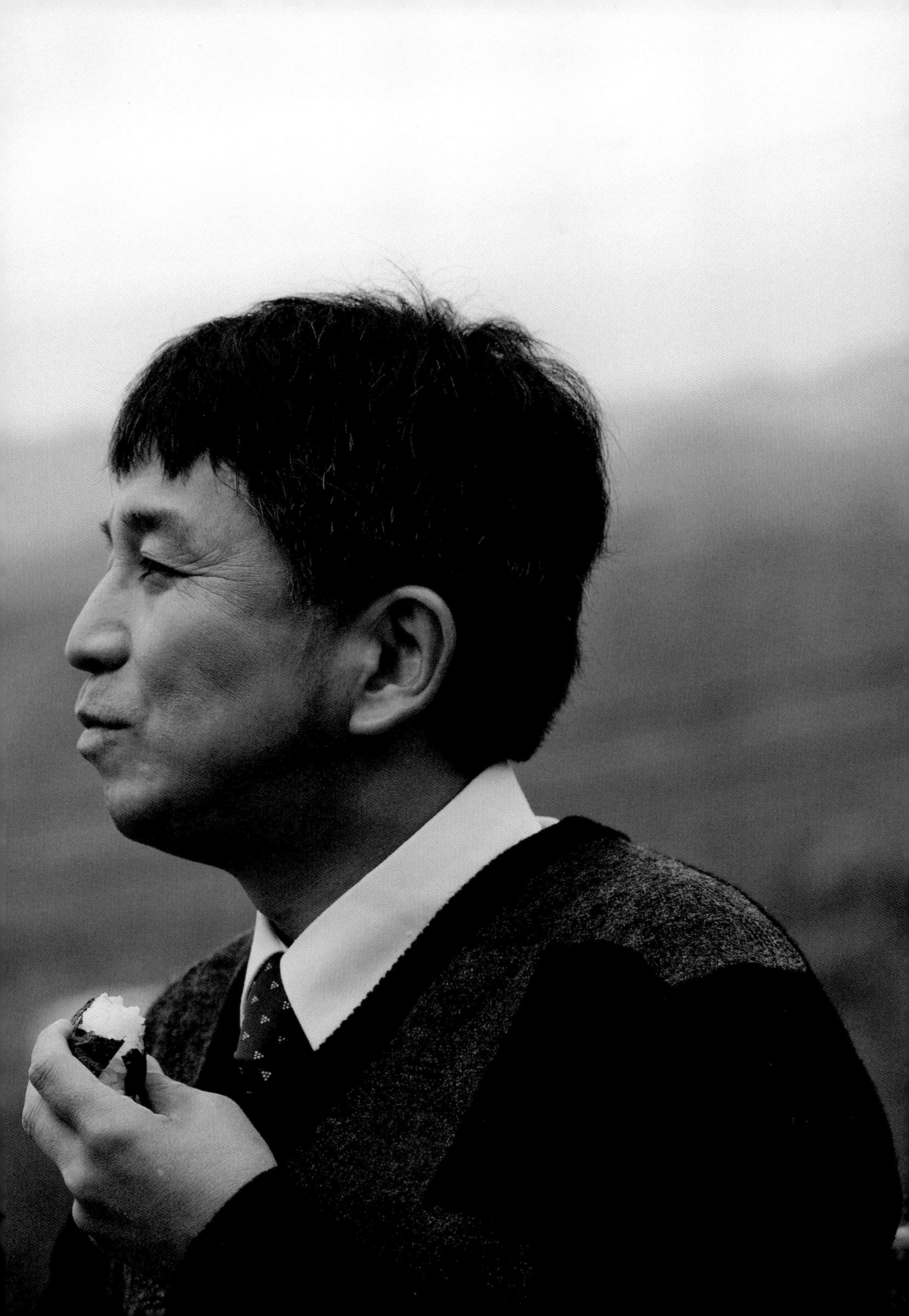

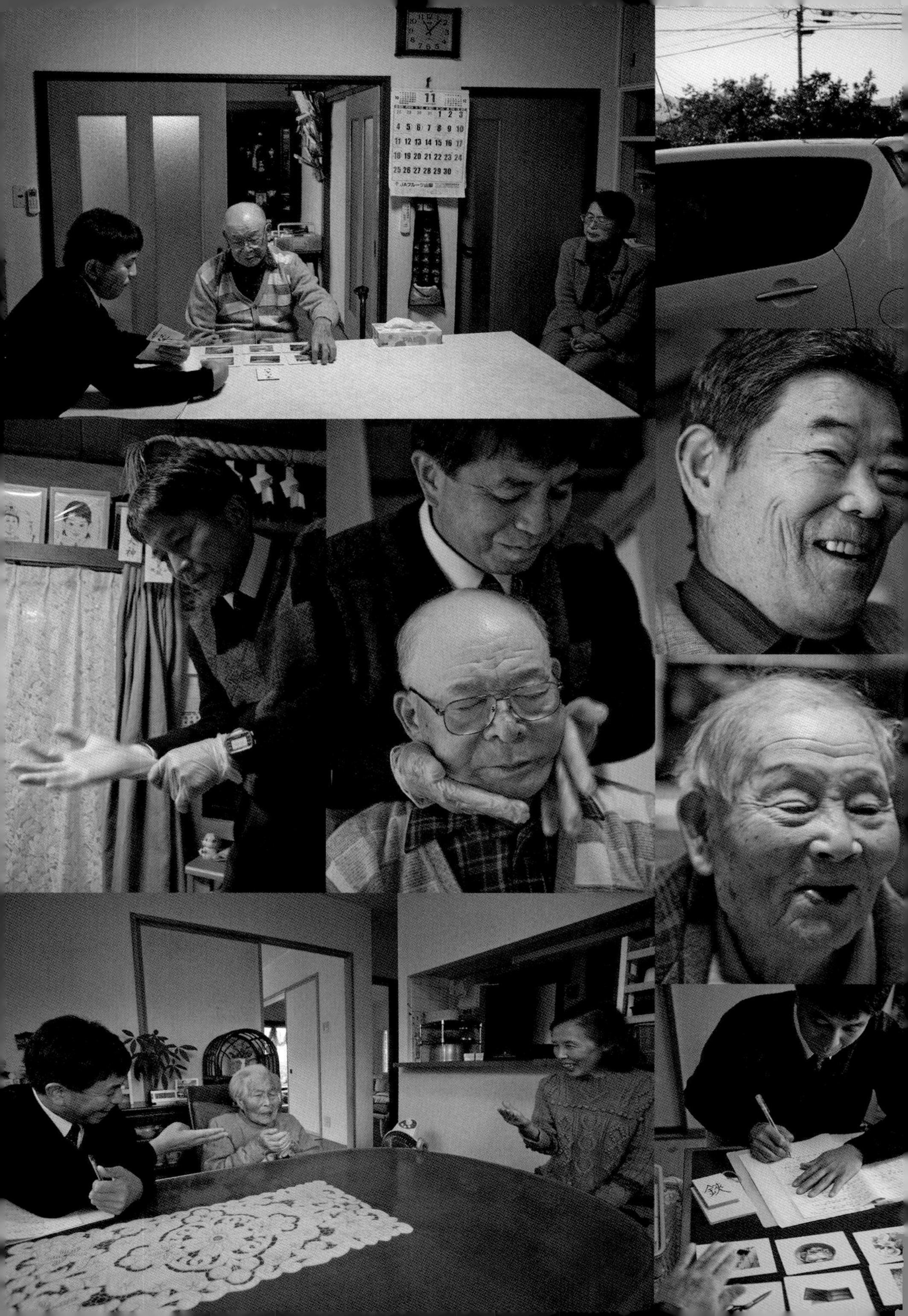
JAフルーツ山梨

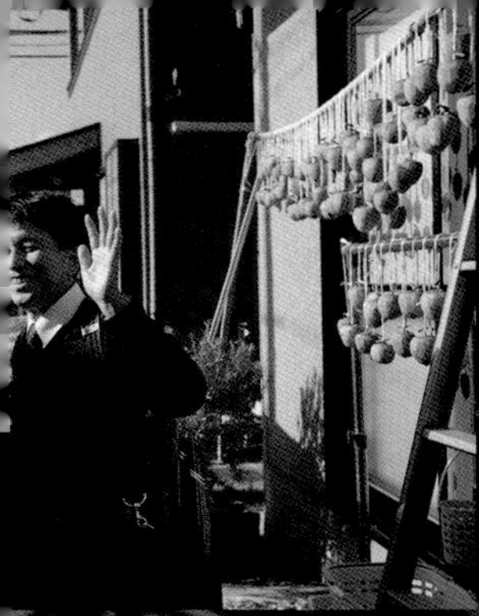
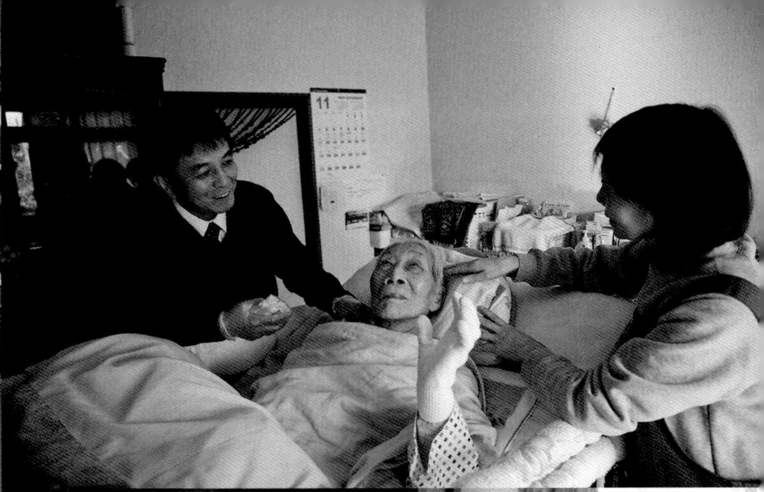
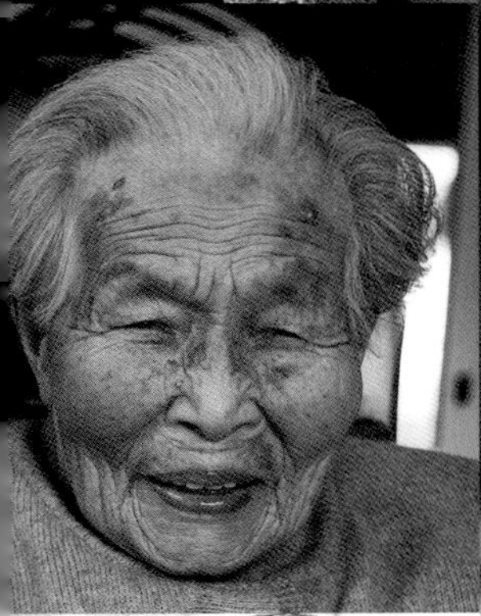
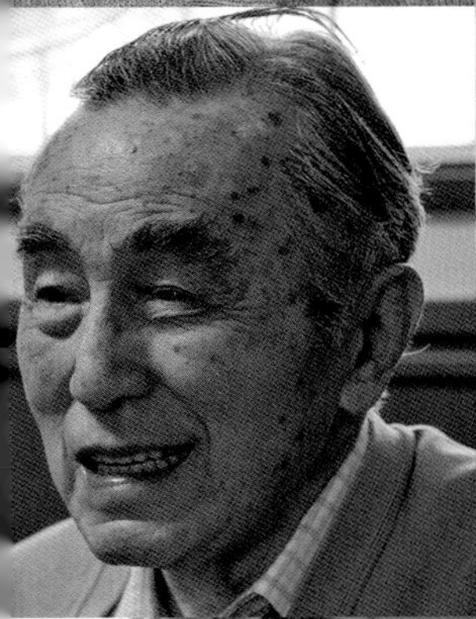
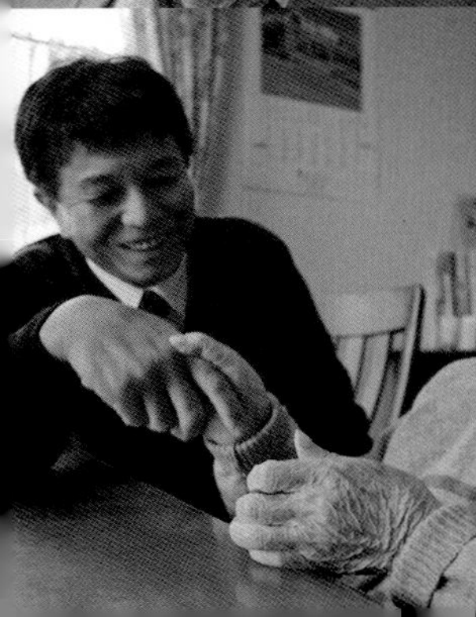
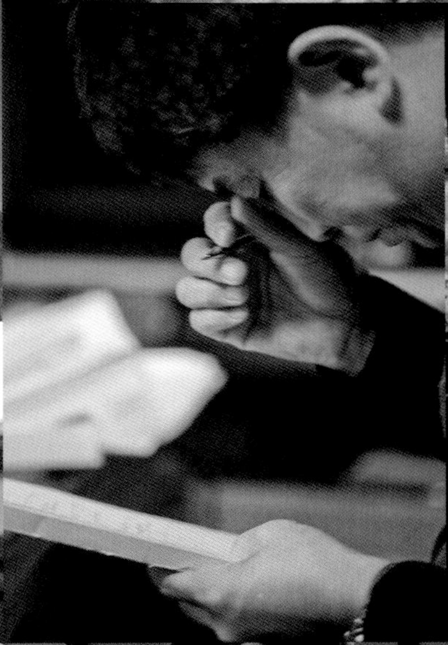
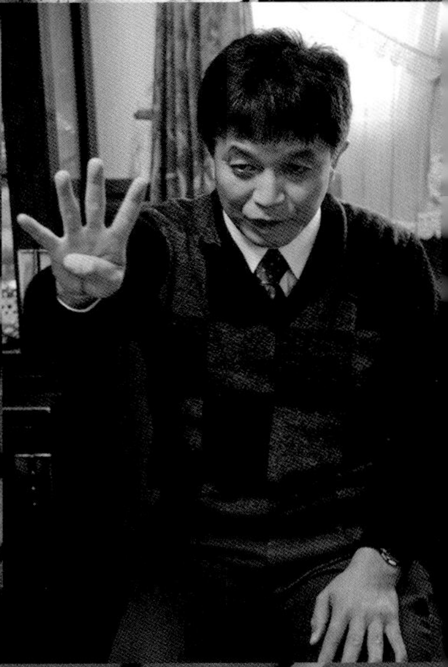
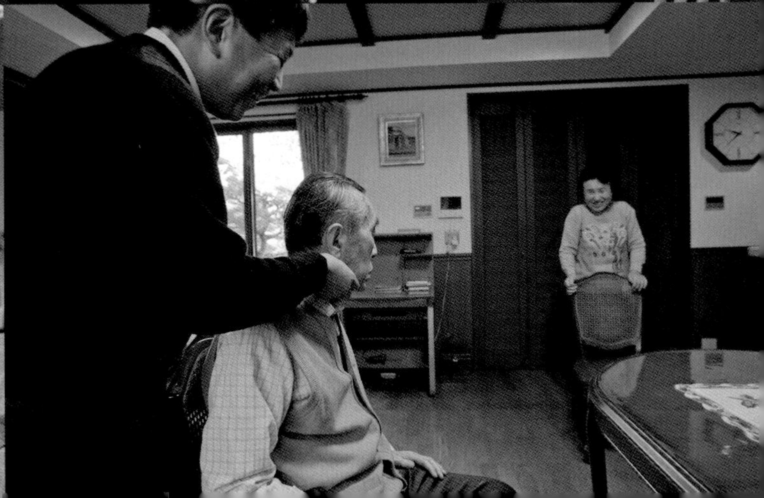

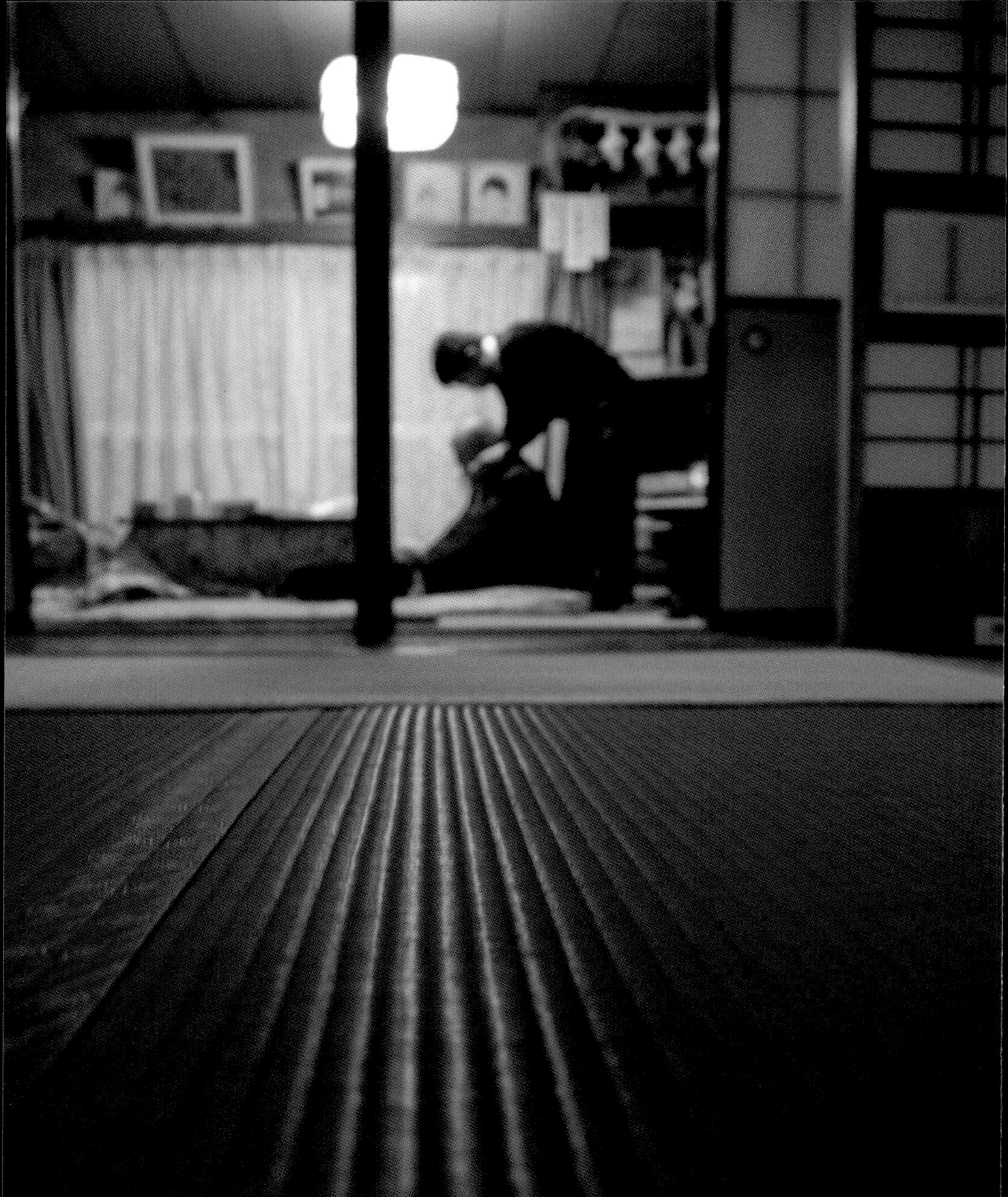

第2章

改めて，言語聴覚士とは

失語症とは

言語聴覚士にとっての失語症

　言語聴覚士は言語聴覚士法により，「音声機能，言語機能又は聴覚に障害のある者についてその機能の維持向上を図るため，言語訓練その他の訓練，これに必要な検査及び助言，指導その他の援助を行うことを業」とし，また業務においては「診療の補助として，医師又は歯科医師の指示の下に，嚥下訓練，人工内耳の調整その他厚生労働省令で定める行為を行うことを業とすることができる」。この定義通りSTが担当する患者は様々で，最近は摂食・嚥下障害にSTが関わる機会が多く，施設においては食事摂取だけに関わるSTもいるようだ。無論どの業務も等しく重要だが，やはり接することが多いのは失語症の方であろう。失語症とは，と問われれば，STなら当然身につけている基本的知識として概ね以下のように答えるはずである。

　失語症とは，「脳の特定部位（言語領域）の損傷によって，一旦獲得された言語の表出や理解が障害された状態。末梢の発語器官の障害による構音障害とは区別される。精神障害による言語の異常も失語症とはいわない。失語症の症状としては，自発語の減少，語健忘，錯語，失文法，自動言語，ジャーゴン，復唱障害，語音の弁別障害，意味理解の障害，読字や書字の障害がみられる」（医学大辞典，医歯薬出版，1988年）。学校で習っただけではここ止まりだが，臨床場面で失語症者と密接に関わることで，テキストに記された様々な症状を確認できるとともに，そこには書かれていない特異な

一面に出会うこともある。経験によって知識が実となり，厚みを増していく。専門職であるSTに専門知識は不可欠であり，知らなければお話にならないが，それに頼りすぎると見失うものも大きいと感じる。つまりSTにとっての失語症は「機能の維持向上を図るため，言語訓練その他の訓練」を行なうための対象としての側面ばかりがクローズアップされてしまい，定義には記されることのない「その人」の存在を見失いがちになってしまうように思うのだ。

　日本言語聴覚士協会によれば，2013年3月末時点でSTの約74％が病院に所属している（http://www.jaslht.or.jp/whatst_n.htmlアクセス日2013年7月22日）。近年，保健・福祉などの分野へも広がりをみせているが，ほとんどのSTは病院勤務である。そして医療保険の枠により，3ヶ月や6ヶ月，外来を含めて1年，2年という限られた期間で患者の言語機能の向上を求められるという状況にある。STの誰もがこれで十分とは考えていないだろうが，現実にはその期間しかなかなか関われない。

　病院でのST訓練は20分1単位として，入院中は2単位（40分）程度といったところか。その中で標準化された失語症検査を行ない，問題点を探り，訓練プログラムを立てる。訓練は「できない」を「できる」ようにする作業になりがちだ。2ヶ月程度で同じ検査で再評価しては，その検査結果を患者・家族に提示する。現時点での症状説明を述べては，退院指導に取り掛かる。しかし，病院のSTには家屋の状況や住んでいる地域の特性など，把握できていない場合が多いので，具体的指導の仕様がない。また病院のSTにすれば，入院中の集中訓練で，ある程度の役割を遂げたと感じているのかも知れないし，もちろん実際に成果もあるはずだ。そして次の患者が待っているのだから，今度はその人に力を注がなければならない。退院する患者には自分はここまでしかできないけれど相応の責任は果たしたと思うだろう。だが当事者である失語症者にとっては，この退院から後が実は厳しい戦いなのだ。退院してから一体どうなるのだろう，どうすればいいのだろう。

本人にとっての失語症

　からだが何らかの損傷を受けるとその影響で働きが障害され，それに伴って心にも悪影響を及ぼすという。失語症は死に至る病では

ないが，心に抱える悩みは生きていく源をも狂わせてしまうことがある。STは，言語機能（「聞く」「話す」「読む」「書く」全てのモダリティ）が障害される状態という失語症の概念規定の下，それはその人にとって，実際にはどのようなことなのかを考えていく必要がある。基本症状は言いたいことがことばにならないことであり，その他，相手の話すことばが理解できないとか，文字の読み書きが満足にできないなど，当たり前に使用してきた言語能力が突然活用不可となり，意思疎通が思うようにいかなくなる。コミュニケーションに支障をきたし，家庭生活や社会生活のみならず，その人の内的思考や自分への価値観にまで甚大な影響を及ぼしてしまう。これら全て，自らが受けた障害に対する社会的不利（ハンディキャップ）として，長い期間，もしかしたら一生，背負わねばならない。

　失語症は原因疾患の程度や回復度合いの個人差はあるものの，完全治癒することは極めて少ないといわれている。失語は「完全に治らない」「ハンディキャップを背負っていく」という事実を認めた上で，"活き活きとした生活を送っていく"というのは，実のところ決して容易なことではない。つまり，STが失語症を単に「ことばの障害」として，その言語機能面だけに焦点を当てていたのでは，何の効用にもならない。ある当事者にすれば，それは"要らぬお世話"であり，ストレスとして逆効果を及ぼしかねない。

　U市のIさんの奥さんが私の訪問を始める時に，「病院では叱られてばかりでした」とST対応に怒気を含んで話してくれた。毎日同じ教材を使用しての訓練で，失敗するIさんに対し担当STはとても冷たい態度だった。「昨日説明したでしょ？どうして分からないの？」と，できないのはIさんの努力が足りないから，と言わんばかりの対応だった。そんなST訓練に対し，Iさんがかなり不満を募らせていることを奥さんも感じ取っていた。奥さんが夫をかばうようにSTに相談したところ，強い口調で「これくらいの課題で弱音を吐いていたんでは良くならない」と一蹴されたという。Iさんはことばのみならず，心に大きなダメージを受け，とてもここではリハビリにならないと退院してきたのだった。

　言語機能が回復すれば心の問題も自然と解決する，そういう考え方もあるだろう。どんな言語障害でもSTが絶対の自信をもって回復を実現できるならそれでもいいのかも知れない。しかし残念なが

ら現状は違う。失語症に対するアプローチは，言語訓練と併せて"心のケア"が求められる。失語症者は，失語から生じる心の苦しみを和らげることのできるSTの存在を強く求めている。こうして心の問題を考えた時，STのアプローチは概ね長い期間を要する。また，私が当事者として味わってきたことと，STとして多くの失語症者と接してきた経験で，自信を持って言えることがある。

"失語症は，コミュニケーションの関係障害を修正していくことで，いつまでも緩やかに回復していくもの"。

その可能性をなくさないために必要なのは，本人の自主性を尊重するように十分気をつけながら，いつまでも支え続けるいつでも相談できる体制であろう。

失語症の当事者として

失語症は心的外傷

　私は1983年9月，交通事故による脳外傷を受け失語症になった。幸い麻痺はなく，ADL的にはすぐに自立できた。大学3年ということで，抱える障害は将来を危惧するものだった。発症2ヶ月後の11月に大学に戻ると，そこはそれまで経験したことのない過酷な世界と化していた。講義はさっぱり解らず，レポート提出や試験に臨めるような状態ではなかった。学業のみならず更に深刻なのは，会話が成立しないがため生じる対人的喪失感だった。友人等の輪に加わっても，黙ってそこにいるだけ。空気のような存在となっていた。

　"失語症になると困ること"——意思を伝えられない，仕事に就けない，旅行に行けない，映画鑑賞ができない，恋愛ができない，など，ことばに関するあらゆる生活場面で「できない」自分に遭遇する。何をするにも逃げ腰のネガティブ思考に心を支配され，この先苦難の道を歩まねばならぬ宿命と，考えざるを得なかった。自らの非力さに苦しむと同時に辛く感じていたのは，"失語症の心を分かってもらえない"こと。拙劣な会話を「しっかり話せ」と叱られ，「そんなことばも知らないのか」と呆れ顔をされる。ことばがうまく使えない者は知的にも劣っているとみなされがちだ。友人等はそんな私を「馬鹿になった」と思っていたかも知れない。変な誤解が生じないように，私は失語を悟られないように工夫を凝らしていった。ことばを発するとすぐに"ボロ"が出るので黙っていること。"静かな人間"を演じるのだ。ただし，会話時にずっと黙っているのも奇妙なので「ウンウン」とうなずき，時々「あぁほんと，凄いねぇ」と返すなど，その場を凌いでいった。こうして切り抜けるのに，どれほど神経が疲弊するものか——引き籠りの始まりだった。

　心理学者の南雲直二先生は「障害によってもたらされる心の苦しみは，二つのカテゴリーに大別できる」と説く。二つの苦しみとは，第一は「自分の中から生じる苦しみ」で，第二は「他人から負わせられる苦しみ」である。「しっかり話せ」と叱られるのは，失語症者にとってかなりきついものである。これは「他人から負わせられる苦しみ」であり「自分の中から生じる苦しみ」とは違う。「自分

の中から生じる苦しみ」が私の心の中で生じているのに対し,「他人から負わせられる苦しみ」は私と相手の関係から生じる。従ってこの苦痛は私一人では解決できず,悩みは更に増してくる。失語から派生する苦痛は多岐にわたる。伝えられない,受け取れない,楽しめない,思い切れない,などいちいち挙げていたら際限がない。失語症はコミュニケーション障害であるため,一人ではなく相手の存在も必要となる。「他人から負わせられる苦しみ」を如何に無難に処理していけるのかが重要となろう。失語症者にとって通常の相手との対応は煩わしいもの。うまく意思疎通を図らなければという重圧もかかり,心が閉ざされがちになる。だからと相手との関わりを全て拒否したら天涯孤独,楽しい生活とは縁遠くなる。失語症者は好きで黙っているのではない。伝えたいが言えない。心にあるものを出せないでいる苦しみであり,痛みでもある。言いたいことは山ほどあるのだ。だから相手に苦痛を負わされることなく,じっくり聞いてもらえる関係が築けたら,どんなに気持ちが癒され,心的外傷の克服へとつながっていけるだろう。

ことばの悩みをぶつけられる場所

　私が脳外傷を受け失語症になった1983年当時は,失語症などに対する言語リハビリの必要性を理解している医療機関でしか,STを雇っていなかったようである。リハビリテーションという看板を掲げている病院や福祉施設でさえ,PTやOTは大勢雇っても,STは除外されていた。

　私が入院した都立広尾病院は,都内の中核病院であったにもかかわらず,やはり常勤のSTはいなかった。失語症者には意識が戻った段階で早期にST評価,訓練を受けることが望まれる。そこで私は主治医より駿河台日本大学付属病院のSTを紹介され,広尾病院入院中から通院で言語療法を受けることになった。

　吉田玲子先生は私が初めてお会いするSTだった。穏やかなもの静かな女性で,私のどんな発言も吸収してくれるような安心感を与えてくれた。『幼児のこくご絵じてん』の音読練習から始まり,やがて小学校の国語教科書の音読や書取りが宿題として与えられた。短い文章を一字ずつたどたどしく読む中で,意味内容を一度で掴み取ることはできなかった。家では母に教科書を音読してもらい,私は

● 失語症の当事者として

> **〈言語聴覚士〉という資格**
>
> 　PT，OTが国家資格となったのは1965年だが，STが国家資格になったのは1997年のこと。それ以前は「言語療法士」「言語治療士」といった名称で，今とほぼ同様の業務を行なっていた。しかし国家資格ではなかったため，診療にかかる医療点数は低く抑えられていた。そのため人件費ほど稼げない職種として，リハビリテーション病院でも十分に置いてもらえず，採用されたとしても非常勤契約が多く，一施設に1，2名が限度だった。なお，病院の標榜診療科として「リハビリテーション科」ができたのは1996年。それ以前は「理学診療科」だった。

聞き取った音を文字に変換していく。この書取り課題はかな文字がスムーズに頭に浮かばなかったため，渋滞の連続だった。それでも次第に小学校の国語教科書は，ゆっくりペースで進めていけるようになり，1年ほどで高学年の教科書に移った。読解力が改善してくると，自主的に小説にも挑戦した。読む速度は蝸牛の歩みであるが，リハビリのつもりで進めていった。こうした機能訓練的な療法を受けながら，話す能力が改善していくと，先生との自由会話の時間が増えていった。おかしなことに，失語が回復してくるにつれ，ことばについての悩みは逆に増すばかりだった。うまくいかないコミュニケーションにおけるストレスを，毎週吉田先生にぶつけていった。心の中に積み重なるフラストレーションも，経験豊富なSTの広く十分な受け皿があったため，平穏に収まっていた。吉田先生との言語リハビリは週に1回。私はなにものにも代え難い時間だと認識するようになっていった。

　先生は私のためにいつも時間をたっぷり取ってくれた。先生から出される宿題を家で何とか仕上げては，その"でき"を評価され一喜一憂。それが済むと自由会話の時間となる。大学ではうまく話せないので，つい遠慮がちに口をつぐんでしまう。実際，私の話はもたもたしていて，聞く側はかなりまどろっこしかったに違いない。伝えたい要件を表すためのピッタリ合うことばが浮かばないため，言い回しを換え，本心とは異なる内容でその場を切り抜けていっ

た。心の奥に追いやってしまった私の思惑は山ほどあった。バカになったとは決して思わなかったが，十分に対応できない自分が惨めで仕方がなかった。心が締め付けられ，自己否定感が無尽蔵に湧いてくるよう。吉田先生はそんな私の気持ちを汲み，心の声を聞こうとしてくれ，私に自由に話させてくれた。何の制約も受けず，自由に胸中を語っていけた。言語リハビリについての質問だけではない。大学での講義の受け方や家族・友人らと交わす会話での心痛など，悩みを打ち明けるカウンセリング場面だ。心配事を話せるのはこの場しかなかった。私の思い詰めた話に，先生はいつも短く簡単に助言してくれた。そのアドバイスに私はいつも救われた。吉田先生のようなSTは，どんな専門教育をどこで受けてくるのだろう？日本にはどのくらいSTがいるのだろう？——私はこの頃よりこの職種に不思議な魅力を感じ始めていた。

　吉田先生との言語訓練は順調で，失語症検査においては予定通りに回復しているという話だった。言語リハビリ上はスムーズながら，大学における講義や実習などは依然として深刻な状況だった。特にレポート課題となると，一人では太刀打ちできず，学友のアドバイスなど協力は不可欠である。普段は落ち着いていても，こうした状況に立たされると不安感が膨らんでいく。「どうしてこうまでして大学に通うのか？」と問うこともあった。理解できなくても，学友と同じ講義に向かうことで安堵感を得ていた。達成感や満足感はほとんどなかった。「何もできない自分」という思いが確立されていくようで，将来への見通しは心の中に思い描くことができなかった。資格試験や会社訪問などでキリキリ舞になっている友人を横目に，私は就職活動ノータッチだった。近い将来，自分も同じような境遇に身を置くのだろうかと思うと，飛んで逃げ隠れたい気分だった。

就職，自立は遠い

　大学を何とか卒業できたものの，就労に関しては失語の後遺症が更に大きな影響を及ぼすことは容易に想像がつき，深く懸念していた。東京で一人暮らしをしながら就職試験用のテキストに目を通したり，横になって寛いだり，小説を読み，音楽鑑賞，そしてテレビでのスポーツ観戦。通院の日以外はほとんど部屋に閉じ籠り，人に

会うのを極力避けた。不安な毎日ではあるが、誰にも制約されない一人の空間があったことで、静かに気ままに時間を潰すことができ、救われていたかも知れない。障害を負うと、それ以前の自分を思い起こし「あの頃は……」と懐かしみ憧れるものである。気持ちは完全に"過去の楽しかった自分"に向いていて、こうなってしまった自分が憎くて仕方がない。何かをしなければと、頭の中では今の自分を否定しながら、どうしたらいいのか見つからなかった。

　吉田先生のところへは大学卒業後も引き続き通い続けていたが、ことばの回復はいつまで続くのか不安に感じていた。発症2年で限界？これ以上良くならない？——どうするのが一番いいのか、よく分からなかった。それまで心の拠り所として通っていた吉田先生の言語療法を、通い始めて約2年、自身の決断で終了とした。日常のやり取りは何とか可能であり、これより先の就職活動など社会生活におけるハンディキャップの克服に関しては、自力で克服していかねばと考えたからである。この時の状態が決して完治したわけではないことを、私自身が最も分かっていた。「これからどうしたらいいんだろう」と考えていくと、先が見えないだけに気持ちは余計に暗くなるばかりだった。

　発症後3年、東京から地元の山梨へ転居すると、失語を重荷に感じながら就職活動に臨んだ。両親は私のことを「失語症にはなったが経過はよく今は完治した」と考えていたようだった。大きな誤解だったが、そう思われていることをわざわざ否定するのも、また面倒に思えた。ごまかしながらその場凌ぎのコミュニケーションに精一杯。本心を伝える余裕も能力もなかった。そんな私に両親がよかれと用意した就職先は、失語症者にとってはハードルが高く、自己卑下が増すばかりだった。具体的な職種への希望はなかったが、失語によるストレスをあまり感じないでいられる勤務先を望んだ。

　STになりたい、という漠然とした気持ちは吉田先生の訓練を受けながら、いつも頭の片隅にあった。だが、なるのは難しいという情報に押され、片隅に追いやったままだった。この山梨での就活の最中、医療職の方に私のSTへの思いを伝えたところ、「やってみませんか？」と勧められた。当時STは国家資格になる以前だったので、特に勤めるのに決まりはなく、四年制大学の卒業生で、教員免許取得者などが働いていた。私はこの瞬間正に"スイッチが入った"

● 失語症の当事者として

思いだった。そして以前お会いしたことのある遠藤尚志(たかし)先生のところへ相談に行くと先生は賛成してくれて、更に就職先も紹介してくれた。こうして私は思いもよらない流れで、STとして勤められることとなった。

　経過はともかく、社会人の一員として収入を得ることができ、自活することもできた。リハビリテーションで言う"自立"には様々な段階があり、理想的なゴールは障害者を社会復帰させ、職業に就かせ、経済的に自立させること、とかつては考えられていた。私にとっても経済的に自立できたこの時点が、リハビリテーションにおけるゴールであり、"自立"だったのだろうか。思い起こし、すぐに違うと思った。

　確かに収入を得ることができ、経済的に、また社会性においても、心なしか落ち着くことができた。だが、課せられ果たさねばならぬ任務に対しては、決して穏やかになれるものではなかった。ST業務としての報告書作成、症例発表には毎回頭を悩ましていた。ST室での仕事上の電話応対や会議への出席は、常に威圧感を覚えた。私が失語症当事者であることを、職場ではあまり公言していなかった。病院の中でさえ〈失語症〉は十分に理解されていないので、変な誤解を生むより、黙っていた方が良いと考えた。しかし、これが逆に災いとなることがしばしば。仕事の連絡を早口に「204号室の鈴木さんが19日に退院なので、18日夕方までに紹介状を担当の小林に出して下さい」と言って電話は切られる。「あ、あの、何を言っているのかさっぱり分かりません」と、その忙しそうな相手に対し悠長には聞き返せない。その結果、「どうしてやっておいてくれなかったのか」ということになる。会議で用件を述べねばならない時には、正確かつスピーディに言わなければならないので、面倒でも原稿を作成しそれを音読するようにした。その発表で済む時はいいのだが、予想外の質問や意見を出された場合は、十分な答弁ができず冷や汗ものだった。こうした会議がある週は、それが済むまで重い心持ちだった。

　自立どころか、失われたことばに追い立てられるような日々、自己嫌悪に陥っていった。その場を凌ぐのに精一杯、ST職を十分にこなす満足度には至らなかった。この時私は"無能さ"に悲痛な思いを抱くとともに、"恥辱"に苛まれていた。からだの障害と違い、

● 失語症の当事者として

失語症は外見上分かりづらい。言語を上手く使えないのは恥であり，無能さを自ら広めることのように感じた。実際この時期，失語症の私がこの仕事をやっていけるのだろうかと，悩まずにはいられなかった。「こんな惨めなのは私だけ」。誰にも打ち明けられず孤独感は増すばかり。唯一の救いは日々の業務，失語症者と接する時間だった。カードなどを使用しての訓練の中で，私自身も復習となった。失語症の方たち，つまりは私の"仲間"である。そんな仲間と過ごす時間が生きた時間だった。うまく話せない，書けない，読めない，そんな仲間の仕草は私にとって心強いメッセージでもあった。"独りではない"──何にも勝る勇気であった。

言語聴覚士として

病院に勤めての葛藤〜地域ケアへの憧れ

　STとして病院に勤めるようになり，しばらくは新鮮な気分を味わっていた。ST室にやってくる失語症者に対し，かつて吉田先生が私にしていたように絵カードなどを使い，訓練の真似事をしていく。「この中で猫はどれでしょう？」「これを読んでください」と。〈失語症〉について私は，誤った認識でいた。失語症者は誰もが私と同じ失語症状であり，私がしてきたような訓練をしていけば，同じように改善が期待できると考えていた。ところが毎日向かい合う失語症者は，多弁で理解の悪いタイプ，発話はないが理解は良好なタイプなど，症状は様々であることに気づいた。また高年齢の人・若い人，重度の人・軽度の人などその個人に対し，いかなる対応が有効なのか丁寧に対応していかねばならぬことも感じていった。いきなり飛び込んでみたが，専門知識のないことに不安感を抱いていた。当事者であるがため，患者・家族に対する思いは余計に強かった。ただ，この時点で私の言語療法における知見は狭く，短絡的に「できない」を「できる」ようにするのがSTの仕事と捉えていた。「良くしたい，治したい」が先行していて，「何を目的に」「如何なる方法で」が抜けていた。県内STの勉強会や講演会などに参加し，知識が加わる反面，学ぶ領域の広さと深さに立ちすくむ思いだった。「ことばを良くして下さい」「喋れるようにして下さい」とSTに期待してくる当事者・家族に十分応えていけるのか，不安は増すばかりだった。STの資格制度問題と，それに伴う質の向上が叫ばれている時期でもあった。もし一生STをしていくのなら，学べる時に基礎知識を培っておくべきと考え，病院を1年で辞め，学校に入る道を選んだ。

　当時STは資格制度になっていなかったため養成校はわずかで，私が行けるようになった学校は1年という短い期間だった。様々なことを学んでいく中で，私は失語症者に対する「ST職とは？」という点で悩むことがあった。失語症の私が，同じ障害を持った人たちに一体何ができるのだろう？言語治療の目的は何で，何をしていくのが最も良いのか？　恐らくは一生かけて行なっていくSTについてじっくり考えていける貴重な時だった。そしてこの期間に興味を

持ったのは，遠藤尚志先生が展開していた"在宅"に視点を置いた活動だった。

　遠藤先生に初めてお会いしたのは，私が東京失語症友の会の例会に当事者として参加した時だった。発症8ヶ月後で，回復していく中で失語の悩みは大きくなるばかりだった。他の失語症者はこうした悩みをどう克服しているのか知りたくて，会場に足を運んだ。参加者は20名ほどで，中高年齢の当事者ばかりだった。私がこの時最も悩んでいたのは大学生活と就労の問題であり，それを共に語れる若い同年代はいなかったので，十分に楽しめなかった。だが，ことばの障害を持った人たちのグループを笑顔にまとめ，指導している遠藤先生の姿には吉田先生とはまた違った魅力を感じた。

　STの勉強をしていく中で，専門誌に度々載る遠藤先生の地域活動，訪問活動についての論文は，どれもが生活の中で捉えた実践ばかりで，私の心を強く動かした。自身"誰にも分かってもらえない辛さ"を生活の中で味わい，心的外傷に苛まれた経験があった。病院での訓練を終え，自宅へ戻った失語症者に対して，どのようにSTを展開していくのか，活動を実体験したいと思い，夏季休暇の1ヶ月間，先生の下で研修させてもらった。

　研修期間中，失語症者のお宅へ訪問する先生に同行させてもらった。先生は友の会活動と同様，休日にプライベートな取り組みとして，家で暮らしている失語症者を時々訪ねていた。玄関先で失語の男性とその妻が，満面の笑顔で迎え出てきた。いきなり強烈な印象だった。こぢんまりとしたリビングに通され，先生と夫婦との会話が始まる。ほとんど話せないブローカタイプの人だが，イエス・ノーで答えられる問い掛けで，楽しい会話が成立していた。ST室で行なうのは失語症という"障害"に対する"訓練"であるが，そこには全く違った空気が流れていた。生活をしている活きた場での，生きた会話。その人は発病後，外出機会はほとんどなく，先生の訪問が唯一の楽しみだという。心地よいひと時を過ごし，玄関先で「また，お会いしましょう」と握手をしながら再会を約束する。帰りがけ先生に次回はいつ訪ねるのか聞くと，「1ヶ月後か2ヶ月後か，でも，また会う約束をしてきましたからね」と笑顔で私に返してくれた。頻繁には会えないが，決して縁が切れたわけではない。会えない時にも気持ちはつながっている。「これが地域ケアなんだ」

と思い，とても魅力を感じた。

　遠藤先生の背中を追い，各地のST不在地域を訪れた。家族や保健師へのアドバイスをしながら「失語症友の会」「失語症ライブ」など，精力的な活動に同行させてもらい，多くのことを吸収できた。この1ヶ月研修を終える頃，私の求めるST像が初めて見えてきたようだった。ことばの改善，話がスムーズにできるように治療をする専門家──STをそのように考えていた私にとって，この実習中は驚きの連続だった。

見えてきた言語聴覚士像
　学校での1年間の学びを終え，山形県鶴岡市の病院に就職した。その頃山形県には十分なリハビリテーション施設がなく，PT・OTもだが，特にSTは目新しい職種だった。東北地方は脳卒中多発地域であり，失語症や構音障害で悩む患者も多い。私は地域で唯一のSTという時期もあり，自ずと期待される身であった。「まだ経験不足なので……」「私も失語症を患っていまして……」と逃げ腰ではいられなかった。勤めたリハビリ病院は，入院患者の退院時指導は丁寧に，外来通院，訪問指導と非常に地域に根差していた。

　この地で私を指導してくれたのは，月に1度のペースで新潟から来院される高橋洋子先生だった。日常的には私が一人でSTを展開していき，先生が来られる時には，症状把握や訓練法など自分なりに行なってきたことを評価してもらった。専門書などでは解決できず，行き詰まることもしばしばで，私は遠慮なく先生にぶつけていった。指導者が時々しか現れないというアプローチ法，私にとってはこれが何とも好都合だった。ベテラン上司が常に一緒の場合，疑問や誤りをその場で訂正され簡便ではあるが，自分で探求したり，突き合わせたりしなくなり，主体性を伸ばすのには寸足らずとなりかねない。病院全体が"地域"を意識してのケア展開であったため，ことばに障害を受けた人に対する，退院に向けての家族指導と退院後のフォロー・アップは，私が主にならなければならなかった。高橋先生の指導があったがため，経験不足の私にもその大役に挑むことができた。

　また，失語症友の会や言語リハビリ教室などの開催意義や展開方法などを，実地で学ぶことができた。生まれ育った地域に住みなが

> ### リハビリ教室
>
> 　1983年（昭和58年）に"老人保健法"が施行され，"機能訓練事業"を行なうことが義務づけられた。集団訓練会（いわゆる"リハビリ教室"）にはPT・OTの依頼が多かったが，在宅の言語障害者に対する地域の受け皿として，STの行なう「言語リハビリ教室」もそれなりに開催された。私も地域の保健師からの依頼を受け，4市町村での創設，運営に関わった。同じ地域の同病の仲間と知り合える機会を得，担当の保健師がいることで健康面での相談にも乗ってもらえる。とても有意義な活動であったが，残念なことに2000年（平成12年）の介護保険事業の開始により，この事業は崩壊していった。老人保健法において「機能訓練事業では介護保険認定者を対象としない」とあったため，失語症者の多くは対象外となり，事業が終了となったのである。

ら，失語症者の多くは以前からのコミュニティから取り残され，孤立しがちである。中でも重度失語症者にその傾向が強く，適切な社会参加の場の提供，機能の維持・改善，心理・生活の活性化など多面的な支援が必要とされる。こうした失語症者の在宅期リハビリテーションの担い手の一つとして，失語症友の会や言語リハビリ教室は失語症者とその家族に仲間づくり，社会参加，機能訓練，レクリエーション，情報交換などの場を提供している。

　こうした患者会の意義を肌で感じることができたのも，エネルギッシュな高橋先生の指導があったからこそ――私が目指すST像であった。

　更に遠藤先生にならって鶴岡でも，病院や失語症友の会，言語リハビリ教室などで関係を持った多くの失語症者の家を私的によく訪ねた。もちろん訓練目的ではない。その方がどのような環境で，如何に生活しているのかを知ることは，コミュニケーションを展開していく上で大切なことである。想像の中で話題を展開するのではなく，具体的な事物を指しての話なので，関心も自然と湧いてくる。立派な大農家の中に上げてもらうと，その人の財産ともいえる数々の品々が居間や庭先に散在している。「凄い魚拓，こんな大物を

釣っていたんですね」「広い畑ですね，何を作っているんですか」。こう尋ねると，失語症の方は訓練場面では決して見られないような笑顔で応じてくれる。普段はことばが不十分なため黙って過ごすことが多いのに，このような時は自ら伝えようと手振り身振りと懸命である。彼にとっての私は，途中で話を遮らず，勘を働かせ，何とか中身が伝わり，成功感を味わえる相手，という存在である。生きたコミュニケーションが可能になり，失語症者にとって癒しのひと時となる。病院ST室の閉鎖空間の中では"ことばが不自由な人"という特徴の他，これといって何も浮かんでこなかった人が，こうして暮らしている生活拠点を眺めて来ると，様々な才覚の持ち主であること，そして十分にコミュニケーションを取れる人だということに気づく。

　病院のSTの方にも，意識して機会をつくって，一度でも二度でもよいから患者さんのお宅を訪問させていただくことを強くお勧めしたい。きっと何か得るものがあると思う。

期待される言語聴覚士とは〜病院と地域と

　鶴岡での約4年間の経験後，山梨に戻りリハビリ病院に就職した。鶴岡で学んできた在宅サービスを，自分の住む塩山周辺でも展開したいと考えていたが，山梨のリハビリ病院は当時，温泉地型を堅持していた古いタイプのリハビリ病院だった。首都圏などからの入院が多く，地元の患者は少なかった。慢性期疾患で5年，10年といる人や，"越冬隊"と呼ばれ寒い時期にだけ毎年入院して，リハビリを受けていく人も多くいた。地域に根差した鶴岡の病院とは異なっていたため，在宅サービスを展開していくことは残念ながらなかなかできなかった。

　とにかく自力で一からのスタートである。山形で学んできた様々な地域活動を，新規に立ち上げていかねばならなかった。しかし特に苦痛とは思わず，ある意味でそれは楽しみだった。日常的には病院でST業務に励み，休日には退院した失語症者の家を私的に訪れたりしていた。やがて，地域での受け皿として失語症友の会を発会。退院する地元の失語症者に対し外来加療を勧め，同時に友の会への参加を呼び掛けた。また地元の保健福祉センターの保健師より「失語症者は会話が不自由なため自宅に閉じ籠りがちになり，外出

や交流の機会が少なくなってしまう。楽しく会話ができ，社会参加や言語障害を持つ仲間が集まれる機会として教室を開催したい」という相談を受け，言語リハビリ教室も始まった。これまで遠藤先生と高橋先生から学んだ経験を生かす時と，精一杯繰り広げていった。病院に勤務しながらの地域活動展開であったため，それぞれの立場でSTの役割を感じることができた。

そんな中，1997年に言語聴覚士法が制定され，それ以前よりST業に就いていた私たち現任者は，10日間に及ぶ講習を受講し，第一回目の国家試験に挑んだ。どうにかそれをパスし，晴れて有資格者となれたのだが，だからと言って勤務内容が変わるわけではなく，心は曇りがちだった。地域活動を展開しながらもここ数年来，病院勤務への疑念が徐々に膨らんできていたからである。

「STとは？」——悩みの根源はそこにあった。何らかの原因で脳障害を受け，厳しいことばの障害をほぼ一生背負って生きていかねばならない人たち。彼等にとってSTは最も頼りになる専門家であるが，果たして自分は十分な援助ができていると言えようか。

年間を通して多くの患者がリハビリ目的で病院を訪れる。回復期の患者がいれば，慢性期の外来患者も改善及び機能維持を目標に心待ちにしている。多くの患者に効果的なサービス提供をしていくためには，リハビリテーション科のセラピストはSTの他PT・OTもフル回転しなければならない。本来は連携を持ちながら，丁寧に"対個人"を胸にケアを展開していくべきである。それがどうしてか，時間枠に組み込んだ患者の"対障害"を忙しく"こなす"業務に追われてしまっている。しかも日常のST業務は個人訓練が中心ではあるが，入院は短期間なため，患者とじっくり関われるのはほんのわずかだ。

STも国家資格となり，医療点数改正により病院などでの雇用も増えた。それに伴い大学や専門学校にST学科が新設され，各地でST向けの研修会も多数開かれるようになった。数的にも質的にもSTの躍進が図られてきているように見えた。失語症者にすれば，それまではなかなか容易でなかったST訓練が受けやすくなってきていた。2000年（平成12年），介護保険事業が開始された。それに伴い更なる医療法の改正がリハビリテーションの診療点数にも及び，訓練時間や在院日数の決まりが厳しくなった。入院時にST初

回評価を行ない，2ヶ月程度で再評価となり，それを済ますと退院指導である。やっと病院にもSTにも慣れた頃に，病院の都合で打ち切りとなる。退院後も継続可能であれば良いのだがそこは厳しい。外来訓練時間は20分程度と極めて短く，更に1年程度という期間で卒業を設けているところもあるようだ。転院するにしてもST不在とか，探しても見つからないとか，やむを得ず自宅へ帰る患者が多い。

　STの数は増えたが，患者やその家族の期待に十分応えているとはいえない。「制度」や病院の体制を理由に自らの任務を果たしたと思っていいものだろうか。国は介護保険を使用しての在宅ケアを進めようとしているが，受け皿も人員も不十分であり，その皺寄せはみんな障害を持った方と家族のところへ来るのだ。STは，自分たちがスムーズに動ける在宅ケアの制度が整うのを待っていればいいのだろうか。家族間でのコミュニケーションもままならぬうちに病院を出され，外来でもSTを受けられない失語症の人たちはどうすればいいのか。

　私の経験の中で最も辛かったのは，ことばを失った心を解ってもらえないこと——心的外傷の最たる要因である。苦しんでいる心を変えていくのは並大抵ではない。特に"苦しんでいるのは私だけ"と孤独の殻に閉じ籠ってからは尚更のこと。この時のことを振り返ると，まるで真っ暗なトンネルの中を彷徨っていたかのように思う。ひたすら長い道程，出口はあるのか一体いつ抜け出せるのか，五里霧中だった。以前と違う自分を受け入れるのに，かなりの時間を要した。それでもどうにか暗闇から抜け出せたのは，言い淀む私の話を真剣に聞こうとしてくれる人が何人もいたからである。かつて「しっかり話せ」と叱られてきた私の話を，である。聞いてもらえる喜びは心を満たし，安らぎを与えてくれる。安心感は意欲を生み，判断や決断もしやすくなり仕事に生かされ，次第に認めてもらえるようになっていった。

　そんな自分の経験を生かすべく，私は失語症者及び家族の立場で考えようと心掛けた。特に退院時指導においては，できる限り外来リハビリや友の会などでフォローしていけるように気持ちを注いだ。入院中の失語症患者・家族には実際に経験してもらおうと，病院のOT室などを借りて友の会を開催したこともあった。地元でな

い方の場合は，その人が住む地域にある友の会や言語リハビリ教室を紹介し，多少なりとも安心感を抱いて退院してもらえることを願った。しかしながら，医療法改正に伴う入院期間の短縮化など，患者と家族に対する不利益は増すばかりだった。様々な処よりSTに対する不満が寄せられてくる。

　「限界です。これより良くなりません」と，3ヶ月足らずで見離され，行き場をなくした悲惨な失語症者と家族からは，切実な訴えが聞こえてきた。しかし専門家から"限界"と言われれば半ば諦めざるを得ない。"良くならない"と判断するのであれば，失語症とどう付き合うべきか，家族に有効なコミュニケーション方法を伝え，なおかつ地域の失語症グループに紹介するなど，心的外傷を和らげる有効な方策を伝えてもらいたい。だがそれもほとんど無理な願いのようだ。もっとも，自宅で暮らす失語症者の姿を見たこともない病院勤務のSTには，一般的なことは言えても，それ以上その人にはどんな助言が有効なのか見当もつかないだろう。

　ことばの障害を背負い，見通しの立たない在宅生活を送らなければならない当事者の心を察すると，切ない気持ちになるばかり。私が当事者の代表として失語症者の立場で，日常生活を円滑に過ごせるようにサポートしていかねばと，それまで以上に考えるようになった。そして，どのように援助していくことが期待されるSTとして有効なのか，思いめぐらせていった。

　「ことばは病院だけでは良くならない」「一人ではことばは良くならない」という大原則の下，私は地域で困っている失語症者と家族のため，生活基盤でサポートしていけたらと，真剣に思うようになっていった。

「生活の場」でのケアを選ぶ

　失語症者が受けられるSTサポートとして，急性期，回復期は病院でのリハビリとなる。この時期は初期の言語機能改善において大切な訓練期間である。だがその期間だけでは決して十分ではなく，むしろそれ以後の在宅での長期継続ケアがなければ，ことばを失った人たちの心を十分に救うことはできないだろう。退院後は自宅へ帰る場合と，転院もしくは施設への入所となる。病院での外来加療，失語症友の会，言語リハビリ教室，介護保険を使っての通所

● 言語聴覚士として

サービス等，一つでも利用できればまだいいが，どれも使えない人が依然として多いようだ。多くの失語症者は退院後，STとの縁が切れたと思い悩む。ことばに関する悩みや相談に乗ってもらえなくなり，不自由なコミュニケーションを抱え，どのような生活を送っていったらよいか困り果ててしまう。

「楽しく会話をしたい」「本を読み手紙が書けるように」「就労に向けて十分なコミュニケーション能力を」と，失語症者の希望や期待は高く広範囲である。この思いを満足できるレベルにまで現状から押し上げていくのには，状況を正しく踏まえ，有効なアドバイスを適宜提供できるサポート体制が必要である。これには長い時間がかかり，入院中に達成するのはまず不可能である。ことばを失った人を長い期間，継続的に支えていくためには，在宅訪問による言語リハビリが効果的と考えるようになった。

そんな私の背中を押してくれたのは心に残っていた遠藤先生の言葉だった。「失語症者のケアは病院のST室の中で完成するものではない。患者の可能性を十分に引き出すためには，訓練の終了に接続する生活の場でのケアがなければならない」。先生のこの言葉で，私がそれまで抱いていたST職についての疑問を一掃することができた。そして，私自身この方向に進んでいこうと決心した。

失語症当事者として辛い日々を送り，STとして悩み抜いた私の結論は，《在宅》言語聴覚士であった。

《在宅》言語聴覚士として

地域における〈言語聴覚士〉と〈失語症〉

　そうと決めたら動くのみ。自分の印象だけでなく、実情を把握している人の意見も聞かねばと、まずは言語リハビリ教室を担当している市の保健師に、STが患者宅へ訪問活動を展開していく意義について話し、相談に乗ってもらった。活動については賛成であったが、どのような方法で展開していくのか、それが肝心だという。同じような活動（教室）を開催している地域であれば〈言語聴覚士〉、〈失語症〉についておおよそ理解できるだろうが、県全体としては十分に認識されていないと思うので、まずは地域に存在感を示せるような活動を何か考えてはどうか、とアドバイスをもらった。

　山梨県は人口密度比におけるST数が全国上位であった。県内を見回すと、温泉地を中心とした甲府盆地の一角にはリハビリ病院が点在し、STの数も多い。ところが、そこを外れた地域にはリハビリを行なう病院は少なく、STもほとんど不在である。STが勤める病院がなくとも、ことばに障害を持った人はたくさんいるはず。家に籠っているために、困っている失語症者や家族の声が届かないのだろうか。それとも誰も（特にSTが）聞く耳を持ち合わせていないのだろうか。この疑問を多少は明確にしたいと、私はST不在地域の病院と保健所、そして市町村役場を回ってみることにした。保健師は地区担当制を敷き、訪問活動に力を入れていたので障害者の情報を得て機能訓練事業（リハビリ教室）に誘い、閉じ籠り予防に貢献してきた。地域活動においてはとても頼りになるだろうと、各地の保健師と面会していった。

　市町村役場を訪ね、保健師との面会を申し出る。「言語聴覚士（ST）です」と名乗り反応をみると、STを十分に理解している保健師は稀で、「リハビリ病院で言語障害の訓練を……」という説明が大概必要だった。次いで地域担当者の中に失語症者の存在を尋ねると、これが大変歯切れの悪い返答だった。その場で「失語症とは」と、講義するわけにもいかず、取り敢えずは自宅で生活している失語症者への援助として、言語リハビリ教室を開催していく方法とその効果を訴えた。「是非、地域の失語症者のためにご検討下さい」と、述べてはその場を退いた。県の約半数の市町村を回る中で私の

訪問を好意的に捉え，言語リハビリ教室について関心を示してくれる保健師がいれば，ほとんど興味を示さない担当者もいた。その後，いくつかの地域で言語リハビリ教室を実施してくれる市町村も現れ，多少は成果を上げることとなった。

そうは言え，地域の保健師でさえ〈言語聴覚士〉，〈失語症〉は十分に理解していないのが現状であり，自宅に暮らす当事者・家族にすればあまり安心できない状況かと考えた。ことばを失った人たちに対するサポート体制，啓発活動を専門家であるSTが率先して講じていかねばと改めて強く感じた。

更に《在宅》言語聴覚士として実際に活動を始める準備段階として，サービス方法が病院と在宅では異なることを確認しておくことも必要だった。失語症者へのアプローチとして，病院では言語機能の改善が中心となるが，在宅では多少違う。ことばについての問題もだが，その方が暮らす生活環境を含めて，どんな点に不都合があるのか，どういったコミュニケーション環境が必要なのか，優先順位を決めていくことが大切となる。当事者・家族には「病院でのSTとは，目的や訓練方法も異なるかもしれません」と断っておくのが良いだろう。こうして地域で活動展開していく上で，自分の存在を正確に伝えていくためには，訪問STの説明や開始方法などをまとめたパンフレットを作るといい。地域での病院，介護事業所や役場の保健課などに挨拶がてら，パンフレットを名刺代わりに置いてくる。開始後すぐに訪問対象者からの問合せが多数来るようにはならないとは思うが，いくつもアンテナを張っておくことが肝心である。

2002年4月，私は「在宅言語聴覚士」という肩書きで地域活動を開始した。店舗がオープンするような晴々しさはなく，果たしてうまくやっていけるかどうか不安で一杯だった。暗中模索，手探り状態で進めていくしかないので，一波乱も二波乱も覚悟していた。そうではあったが，失語症当事者としての私の胸中には，これまで臨床以外の点で負担に感じていた病院勤務から退けることで，心が落ち着くようだった。また，新しい世界に飛び込むようなワクワクとした気持ち，私の得意な「なんとかなるさ」が大きく幅を利かせていた。

3月末まで勤めていたリハビリ病院で診ていた失語症患者4名

が，退院後は訪問をと約束していたので，その方たちには早速訪問が開始された．だが，その時点ではそれ以外の仕事はなく，スケジュールは隙間だらけだった．しばらくはセールスマンの如く病院や市町村を訪ね，〈言語聴覚士〉，〈失語症〉の知識を広めながら，言語リハビリ教室や訪問リハビリの利点を訴え，地域での受け皿拡大を目指そうと覚悟していた．そんな活動を開始してすぐのこと，突然幸運が訪れた．地元の有力紙から私の訪問STについて取材依頼があり，大きな記事で取り上げてくれた．また地元の放送局でも同様に，こちらは映像で活動を紹介してくれた．大きな反響を生み，県内の多くの方たちより問合せや申込みが届いた．数年は方々へ宣伝活動しながら，と腹をくくっていた折，7月には予定がほぼびっしりの状態となった．つまりはそれだけ失語症者や家族にとって，待ち望んでいたサービスだったのかも知れない．

参考文献
平澤哲哉：自立を支援する言語療法のアプローチ．訪問リハビリテーション2巻5号，pp.295-301，合同会社gene，2012年．
南雲直二（大田仁史・監修）：障害受容──意味論からの問い．荘道社，1998年．
大田仁史：リハビリテーション入門．IDP新書，2012年．
平澤哲哉：失語症者，言語聴覚士になる──ことばを失った人は何を求めているのか．雲母書房，2003年．

第3章 《訪問》言語聴覚療法の実際

《訪問》言語聴覚士とは

生活を支える

　訪問STは失語症や構音障害，摂食・嚥下障害といった専門領域において，そつなく対応できることが要件ではあるが，専門知識や訓練テクニックを持ち合わせているだけでは十分とは言えない。病院ではそれで済むかも知れないが，在宅ではそうはいかない。大きなハンディキャップを背負って病院から退院した失語症者は，これからどのような生活を送っていけばいいのか，先が見えない将来に大きな不安を抱いている。しかも，家族みんなの生活リズムが壊されたままでいる可能性も高い。こうした厳しい状況の中へ介入していくのが訪問STであり，病院での関わり方とは根っから違う。

　生活は人が生きている限り，その命を維持し，育むために行なっている必要不可欠な活動のことである。「衣食住」（それにまつわる様々な日常の営み），勤労，余暇，コミュニケーションと，生きていく積極的な意義を見出す営みの全てを指す。

　失語症者は言語機能を失ったため，それまでとは違った窮屈な生活を送らざるを得ない。会話が成立しない，新聞や小説などが読めない，手紙や日記を書けない，こうした能力障害により会話を楽しむ機会が失われ，外へ向かう積極性が失せ，心も閉じ籠ってしまう。失語症によって失ったのは「ことば」だけでなく，その人が営んでいた"生活"そのものということになる。

　訪問STの最も重要な役割は，ことばを失った人が生活を取り戻すこと，その生活を支えることである。それまで当たり前のように

送ってきた馴染みのある毎日が不意に打ち切られた当事者は，先行き不透明な日々を如何に暮らしていくものか，五里霧中であろう。「自分の思いを正しく伝えられない」「今後どうなるのか分からない」と，当事者は現状に混乱をきたしている。こうした当事者に対し，言語機能面だけを考えて接していたのでは良き対処法とならないばかりか，より大きなストレスを与えかねない。当事者の自尊心を傷つけぬよう，相談や要求を求めながら，どのような悩みがあるのか，どこを修正すればうまくいくか，実生活の場において，総括的に対応しながら，安心な生活を送っていけるよう支援していきたい。

在宅の当事者・家族の生活を支えていく上で，最も期待される点は，"いつまでも"という継続性である。コミュニケーションの安定，及び健やかな生活を長期的に支援していくこと自体が安心につながる。それがたとえ，ことばも生活も問題がなくなった人や，何らかの理由で訪問リハビリを終了する人にとっても同様である。関係までが契約満了というわけではなく，訪問は終了となっても，いつでも気軽く相談や連絡が取れるような間柄は維持していきたい。

ネットワークや連携については後でも述べるが，訪問STは当事者・家族の生活を支えていくチームの一員である。医師やケアマネジャーなど他種職からの情報を得ながら，特に失語症者の場合は，STとしての専門性を生かし，問題点などを提示，他種職へ意思伝達方法を伝えるとともに，協力を願い出ることも重要である。こうした密接な関係を築くことで，いざという時の安心が約束されてくる。

自宅を訪ねるということは，当事者を含めた家族の生活の場に介入することになる。障害を持った当事者のみならず，家族の心理的・身体的な状況をも含めた，広い視点で生活を支援していく必要があろう。キーパーソンに全てを押し付けることなく，訪問STがその専門性を生かせる部分においては，問題を担えるような意識を持ちたいものである。

病院の言語聴覚士との役割の違い

訪問リハビリにおいては主治医やケアマネジャーなどからの情報を受けた後，訪問リハビリ事業所の医師の指示に従い，ST等のサービス提供が開始される。こうした手順を主治医・ケアマネ

ジャー・訪問リハビリスタッフが理解し，スムーズに進められると良いが，このいずれかの段階を（場合においてはスタッフ誰もが）十分に把握していないため，実施に手間取ることも多い。そもそも訪問STはどんなサービス展開なのか。ST自身も，病院などで実施してきたST訓練プログラムが退院後も引き続き延長されるものと誤解している場合が多いようだ。失語症検査で明らかになった言語機能の低下を改善していくのは施設でのSTの役割である。ところが短い期間なため十分な成果は望めず，その不十分な点を訪問で補うものと考えられているのだろう。STの間にさえ，経験のない訪問リハビリについてこのような誤解が生じているため，福祉関連従事者のみならず，医療従事者，特にリハビリ関連スタッフにさえ正しい情報が行き届いていないのが現状である。このことが訪問STを展開していく上でまず越えなければならない壁である。

　ここで時間を少し遡って，「在宅」前のことを考えてみたい。失語症者は退院を前にしてこれまで担当だった医師やSTなどからどのような指導を受けているだろうか。病院によっては退院後の家庭生活のことまでできるだけ考えてアドバイスをしているところもあるだろう。しかしそれでも，「これ以上良くなりません」と言われることが実に多いのだ。当事者と家族にしてみれば，突然の脳障害により当たり前の生活が失われ，混乱状態の中，専門家である医師やSTにお任せしてきた。ようやく少し落ち着いてきた頃に退院の期限がきて，それと同時にリハビリも打ち切られてしまう。外来という選択肢もあるが，治療しても「これ以上良くならない」のならもう諦めてしまうかも知れない。

　病院側が「もう良くならない」と申し渡すのは，当事者・家族に対して，決して悪意で言っているのではないだろう。現状において回復は期待できないだろうという判断だということは分かる。ただ，自分たちはその後の在宅ケアでどのように変化していくのか経過を追った経験はなく，本当のところは想像もつかないという事実が抜けており，それが当事者に伝わることはない。

　私は訪問STを11年行ないながら，「もう良くならない」と病院で宣告された当事者に，何人会ってきただろう。そして，その人たち（主には家族）のほとんどから発せられるのは，「あの時点で終わりにしなくて良かった」ということばである。

病院のSTとの連携について

　現在，病院での方針か，ST自身の考えなのか，退院指導において「STは完了」と在宅支援への道を断ってしまうことが多い。だがやはり，病院でのリハビリ後は介護保険利用での生活支援サービスとして，地域のSTに繋げていくのが理想といえよう。

　81歳の男性Jさんの訪問リハビリの依頼が来たのは2010年4月だった。脳梗塞で失語症になったJさんは3ヶ月間リハビリ病院でPT・OT・STの訓練を受けた。自宅復帰後はデイサービスを使うことになっていたが，そこはST不在だった。奥さんはJさんの失語症対応に不安を抱いていたが，病院のSTが「在宅訪問をするSTがいます」と私の情報を伝えた。その後ケアマネジャーを介し，退院後すぐに訪問STサービスが提供できた。病院のSTから失語症検査の結果や訓練経過等も送られてきたので，ストレスの溜まる検査を再評価する必要はなく，すんなり継続的なSTサービスを展開できた。Jさんは訪問リハビリで改善を図り，私の地区の友の会活動にも毎月参加するようになった。入院中の担当STは友の会にも時折ボランティアとして顔を出してくれるので，ここで経過を伝えられるし，直接Jさんと話すことで確認もできる。病院のSTとしてはホッとできるに違いない。

　87歳の女性Kさんは2011年12月に心不全・肺水腫にて人工呼吸器管理になった。その後気管切開，3月にスピーチカミューレ使用，4月に胃瘻増設となる。病院STはゼリーなどを少しずつ経口摂取に向けて行ない，痰絡みはあるが徐々に食べられるようになってきた。胃瘻使用で7月に退院，この時点から私の訪問STが開始となった。入院時の経過は報告書並びに口頭でも病院のSTより聞くことができた。その連携により病院でのSTリハビリを在宅でも継続できたため，家族もかなり安心だった。次第にミキサー様の食形態が可能となり，スピーチカミューレは外され，発声も改善されていった。2013年3月時において全粥・軟菜でお茶はトロミなしの食事を昼・夕と問題なく摂取している。この間も，Kさんについての情報はその都度，紹介してくれた病院STに連絡している。

　入院中診た患者が退院後どのようにしているのか，気になるはずである。紹介を受けた側（訪問ST）がその経過を伝えていくことは，連携上

> 大切な役割である。

　失語症者に対する継続的な関わりによって，生きたコミュニケーション環境を築いていくことができるということを，病院や施設のスタッフには十分に理解してもらえていないのが現状である。このとても残念な誤解によって，ことばを失った人たちは生活そのものに支障をきたし，窮屈な人生を送らざるを得ない。しかも，「もう良くならない」というレッテルが貼られたことで，閉ざされた心を開こうとする試みすら消え去ってしまうようである。こうした失語症者の悲痛な思いを，我々STは厳粛に受け止めなければならないと思う。

　「失語症者のケアは病院のST室の中で完成するものではない。患者の可能性を十分に引き出すためには，訓練の終了に接続する生活の場でのケアがなければならない」。遠藤尚志先生が学生時代の私に，このことばを授けてくれた。そして今私はこのことばの持つ重要性を，実際の生活ケアの中で実感している。重要なのは，全てのSTがこの思いを共有していくこと。それによって，病院と在宅との連携が十分に図られ，当事者・家族にこの先における安心が，約束されるに違いない。

　そのためには，病院での機能訓練STにつながる訪問STは，当事者・家族に対する実生活を重視した関わりであり，双方は異なる役割を担うということを，訪問リハビリにおける全スタッフに理解してもらうことが，活動の第一歩となる。

　言語にしても食事にしても，その改善を期待してきた当事者・家族にとって，病院での短期訓練では決して満足とはいえない。特に失語症の場合は機能面だけが改善しても，十分なコミュニケーション能力に至ったとは言えず，生活の場では不十分さが明らかになっていく。もしSTが"繋ぐ"意識に欠け，退院時に「これ以上良くならない」「今の状態が限界」と宣告したら，当事者は"うまくできない自分"に対し生きる気力も萎えてしまうだろう。

　失語症は短期間では良くならない。つまりは「決して病院だけで

はことばは良くならない」(退院してからでも良くなる)という意識を，病院に勤めるSTは共通意識として持ってもらいたい。そして，ことばを失った当事者・家族が意思疎通の欠陥から生活に混乱をきたさぬよう，地域の訪問STに十分な情報とともにバトンタッチしてもらいたい。もし当該地域に訪問STの情報がない場合は，市町村の地域包括支援センターなどに問い合わせるのも手である。

　STは自分のところで終了とせず，責任を持ち期待を込めて，地域担当者にタスキを繋いでいってもらいたいものである。専門家としての大切な役割である。

《訪問》の利点
～病院との違い

　病院でのST訓練と在宅訪問における一番の違いは，"場所"と"時間"であろう。病院のST室は施設基準で「遮蔽等に配慮した専用の個別療法室（8平方メートル以上）」といった閉鎖空間での訓練が中心である。そこは「訓練部屋」であり，利用者にすれば病院で白衣を着けたSTを前にして自ずと診察室のような印象を持つ。これが在宅の場合，自分の家，生活の部屋であり訓練部屋ではない。病院というアウェーではなく，ホーム（我が家）にSTを迎えるのだ。その質の違いはとても大きい。時間も病院や施設できっちり管理されているのとは違い，多少なりとも'ゆとり'を持たせることができる。その時間的余裕が生む効果もまた大きいのである。

「場所」の違い
　実施場所がその人の家であること。
　利用者の実質的な負担の軽減も利点の一つである。外来への通院希望者の中には年配者が多く，最近は高齢ドライバーも増えているが，女性は少ない。夫が倒れST訓練に通院するのに，毎回往復タクシーを利用するとなると大変な出費だ。車椅子を使用していれば利用できる車も限られ何かと負担も大きい。人によって，またその日の体調によっては疲労も大きいだろう。この移動に関しては，私がお宅を行き来するのでゆったり待っていていただければよい。
　本人の自宅で行なう最大の利点は，患者も家族も最も慣れた，気持ちが落ち着く場所であること。こちらが通されるのは大概リビングルームであり，そこには家族の様々な品が飾られている。賞状や絵画，写真を見つけては「何の賞ですか？」「どなたが描いたのですか？」と尋ね，窓の外に目をやって「飼っているあの犬は何歳ですか？」「今から晴れますかね？」と，自然にコミュニケーションが始まる。来訪者として本人と楽しく会話をするには好都合だ。病院のST室での絵や文字のカードを使用しての「これは何ですか？」「この中で猫はどれでしょう？」といったストレスの溜まる訓練とは大違いである。しかもST室で受けるような受身的，消極的な態度ではなく自ら話題を展開し，自分や家族のことを自慢するような品々

を提示，手振り身振りで解説を入れ，コミュニケーションを楽しもうと懸命な態度が窺われる。

　もう一つの大きな利点は，在宅では必然的に家族も同席し，私とのコミュニケーション場面に加わってくること。一対一の訓練では逃げ場がなく，当事者としてはかなりプレッシャーがかかる。これが家族も加わり三人での情報交換となると，ゆったりしたものとなる。「犬の名前は何というんですか？」という私の問いに「えーと…」と答えられない失語症の夫。隣にいる妻を見て「なんだっけ？」と助け船を願う。「ラッキーですよ」と妻に言われ，そうそうと私に向かって「ラッキーです」と答える。また，私が奥さんに「この置物はどこのお土産ですか？」と尋ねると「これは仙台でしたよね。10年くらい前に宮城に行く機会があって，物産館で購入したんですよね」と夫に尋ね返す。ご主人はSTの方を向いて笑顔でうなずく。病院では家族が同席できないところもあり，どのような言語訓練がどのような様子で展開されているのか，本人にどのような変化が生じているのか家族には分からないが，在宅訓練は基本的にオープンである。また，家庭内でのコミュニケーション方法を実践の中で自然に指導することができるので，家族にとっても得るものは大きい。あっという間に過ぎていく楽しい時間を如何に作れるか，これが訪問での目標になる。

　一方，家族が同席するとかえって緊張し，控え目になる人もいる。亭主関白のLさんは訓練場面に妻がいるのを嫌った。プライドというのか，長年連れ添った妻にうまくできない自分を見せたくないのだろう。私と二人での時はコミュニケーション意欲も高いのに，途中で奥さんがお茶を持って現れると黙り込んでしまう。かつて私も吉田先生のところで，家族のいない一対一だからこそ，気持ちを表に出せたのかも知れない。お互い気心が知れた家族間への介入なので難しい面もあるが，当事者が失敗感を味わわないようにSTは十分配慮すべきだろう。

「時間」の違い

　時間をゆっくりとれること。
　まずは一回一回の訓練の時間。病院や施設での訓練時間は20分1単位として，大抵は2単位（40分）程度かと思われる。集中でき

期間の制約に縛られない訪問ST

　2006年の診療報酬改定で、「長期間にわたって、効果が明らかでないリハビリ医療が行われている場合がある」と、医療保険で受けられるリハビリ日数に上限が設定された。日数制限を設ける国の狙いは、医療保険は機能改善が望める急性期・回復期に限定し、維持期・慢性期は介護保険にすることだろう。外来リハビリの患者は、財政上の負担が少ないことから介護施設の通所リハビリ（デイケア）に移るようにということだ。これにより失語症の原因疾患である脳血管疾患・脳外傷・脳腫瘍などは180日までという日数上限だったのだが、その後、「治療継続により状態の改善が期待できる」という条件の下、失語症は日数上限から除外される疾患の中に入った。

　リハビリ病院などでは早期加算（初期加算）を取るため入退院の回転を速くし、高い診療報酬を得ようとしている。そのため日数上限180日の除外疾患であるにもかかわらず、失語症患者は病院の都合により2，3ヶ月で退院せざるを得ないこともあるようだ。また、外来加療にしてもリハビリの時間は短く、一定期間（1，2年）で終了とする病院もある。たかが3ヶ月、6ヶ月の入院訓練、1，2年の外来訓練でことば（コミュニケーション能力）が良くなるわけがないと私は考える。私が展開している訪問STは、期間の制限に縛られることなく、"いつまでも"サポートしていく継続性を重視している。

　「リハビリは単なる機能回復ではなく、社会復帰を含めた人間の尊厳の回復です」。リハビリ日数制限に対し激しく批判し、反対運動を行なった東京大学名誉教授で重度脳血管疾患患者の多田富雄先生の言葉である。

る時間としては十分かも知れないが、ゆったりとコミュニケーションを交わす"あそび"のようなスペースに欠ける。個人差があるため、その時間が適当か否か一概には決められないが、訪問STとして私は1時間を目途に設定している。病院との時間の違いは、制度や組織という枠はあるが訓練目標の違いから来ているように思う。病院では主に失語症検査の成績アップに向けての機能訓練が中心で

ある。してみると、集中して行なえる時間は自ずと決まってくる。在宅での場合、機能改善よりも心的外傷の改善、対人的コミュニケーション機能への働き掛けが中心となるため、多くの時間が欲しい。失語症者は意思伝達に時間がかかり、それを上手にコントロールし、かつ楽しい時間を共有するには、ゆったりとした空気が必要だ。

　そして長期的な継続である。病院STのプログラムは、入院期間の短縮化という流れの中ではなおさら機能的訓練における短期目標が中心となりがちであり、長期目標は漠然とした抽象的見通しでしかない。短期間に仕上げようと熱心なあまり、患者の障害部分しか目に入らないのかも知れない。短い入院期間で満足の行く回復には至らず、しかも有効な退院指導もないまま、自宅に帰されるケースも少なくない。訪問STの場合、期間の制約は特にはないので1年後、2年後と長期目標も具体的に実践していける。短い入院期間では獲得困難だろうと敬遠されたかな文字が、訪問でゆっくりと指導していったところ、数年でほとんど実用的に使えるようになったケースが複数ある。自然治癒のレベルでは獲得できなかったであろう。症状把握から可能性を引き出した在宅での継続的アプローチにより、書字能力の改善を成し遂げることができた。彼らの中には毎日の日記はもとより、知人と文通も可能となった人もいる。

「教材」の違い

　その人だけの、豊富な教材が身近にあること。

　病院では、そのST室で長年管理されている市販の絵カードやプリント、小中学校の教科書、童話、新聞、図鑑などが主な訓練教材となっていて、患者の言語レベルや興味に合ったものを選択し提供していく。在宅においても、それらを補足的に使用する場合も若干あるが、基本的にはその人だけのオリジナル教材を使用している。まずは、利用者の自宅であり、そこにある全てのものが教材と言ってもいいだろう。部屋にある孫の写真を見ては「今何歳ですか？」「どこの幼稚園に行っていますか？」と尋ね、庭に池があれば「鯉が何匹いますか？」などと、生きたコミュニケーションができる。カードは本人と家族の顔写真や部屋にある物をデジカメで写し、その人だけのカードを作成している。市販の絵カードより愛着を感

気軽な相談もよい教材

「あのー……これがね……」。毎週訪問しているMさん宅に上がると，済まなそうにMさんが私に語り掛けてくる。「どうしても，これがね……」。Mさんの左手にはDVDの説明書，操作手順の書かれたページが開かれている。実はMさん，知人より「もうビデオは古い，今はDVDだ」と聞かされ，そういうものかと最近オープンした近くの大型電気店でDVDを購入した。Mさんは昭和一桁生まれの80歳。14年前に脳梗塞で失語症になった。重度の感覚性失語であったが，9年ほど前から私の訪問STを受けるようになり，簡単な話し掛けは理解可能となった。話しことばは目的語彙がなかなか出てこない。「あれ」「それ」「これ」のオンパレードであるため，聞き手側が推測して尋ねていく必要がある。

「Mさん，DVDの使い方のことですね？」。私が問うと，Mさんはそうだそうだと何度もうなずいた。購入時に電気店で簡単な操作説明を聞いてきたので大丈夫と，家に持ち帰ってさあ大変。聞いて来た通りにコードなどを接続してみたが映らない。悪戦苦闘の末，どうしてもできないからと再度電気屋に足を運んだという。「えーとね……，あの，あれが……」。DVDの操作について教えてほしいと，失語症のMさんがいくら訴えても，店員には何を言っているのかが伝わらず，迷惑な客だと，冷たくあしらわれたようだった。同年代の妻に相談しても，機械音痴だからと敬遠され，Mさんのストレスは更に増すばかり。そこでMさんは毎週通ってくるSTに相談を持ち掛けたのである。

私はMさんの手から説明書を受け取ると一読して，接続及び操作方法を理解した。「分かりました。これはですね…」すぐにDVD機器とテレビ，及びアンテナ線に接続し，テレビ画面に放送を映し出した。「あぁー…」しばらく思い悩んでいたことが，いとも簡単に解決されたことでMさんから苦笑いがでた。そして次に厳しい表情になって一言，「全く……，あそこは駄目だ！」。Mさんが指さす先は，例の電気屋だ。

私は紙にDVDの操作方法を順序立てて分かりやすく記した。文字だけでは難しいので図で示すように。「ではMさん，これを見ながらやってみましょう」と，電源を入れることから実際に操作してみた。何度か繰り返しているうちに，Mさん一人でできるようになった。「どうですか？大丈

《訪問》の利点

夫ですか？」私が聞くと「さあ……」と自信なさそうに笑っていた。

　次の週にMさんを訪問すると，待ってましたという態度で，「これを……」とテレビの前に私を連れて行った。DVDのリモコンを操作し，録画できた番組を私に見せてくれた。「あれから夢中になって，何度も間違いながらもやってまして……」傍らで奥さんが目を細めてつぶやいた。「Mさん凄いですね。あれだけの説明でよくできましたね」。私のことばにMさんは少し照れて，「いや…，先生のおかげです」と言い，もう一言「あそこは，駄目だ！」と電気屋の方向をまた指さした。

　Mさんの場合，私が少しお手伝いをしたことで，自分の要求を満たすことができた。しかし，ことばの能力障害を超えた，生活上のストレスを抱えた失語症者はMさんに限ったことではない。

　NさんはSTと上手にコミュニケーションを取り，関係を柔軟にしていった失語症者だ。Nさんが脳内出血を起こしたのは2002年1月，64歳の時だった。私が訪問を始めたのは，リハビリテーション病院を退院してすぐの8月。ブローカ失語で，日常的な会話の理解は可能だが，話したり書いたりが苦手だった。それでも氏名や住所，自分に関係した事柄や，興味ある物については多少言えるようになった。そのNさんにとっても訪問STが待ち遠しい時がある。

　病前から好奇心の強いNさんは，絵画や写真，レコード鑑賞や鉄道など多趣味だった。仕事の合間に"ひとりで"熱心に愛好していて，奥さんや子供たちが，共に楽しむことはなかったようだ。失語症になったNさんは，"ひとりで"これらの趣味を続けていくことは難しかった。かといって家族の皆は仕事に追われ，協力を願うのはなかなか気が引けるところ。Nさんもそれは十分承知だった。

　そこでNさんは自分の希望を叶えてくれそうな者として，毎週訪問にやってくる私に相談を持ち掛けてきた。病前に描いた油絵の「作品ノート」をまとめたいという意向。『No.17 赤富士1996年11月7日描き始め，12月13日色つけ，1997年1月23日完成』と，絵を見て，Nさんの記憶をたよりに記録していく。「Nさん，この絵はなんという題名ですか？」「いつ仕上がったのですか？」私の質問に記憶を呼び起こし，文字で答えてくるNさん。かな文字はやや不正確なので，私は勘を利かせる必要がある。「ほん」と記したNさんの文字に，絵を見ながら「これって"ぼた

●《訪問》の利点

> ん"ですね?」と私が確認を取る。うんうんとうなずくNさんに「"ぼたん"ってひらがなですか?それとも"牡丹"と漢字にします?」と更に尋ねていく。こうして全作品をノートに整理できたNさんは,とても満足そうな表情だった。
> 　またNさんは自分が昔撮った写真を,大きくプリントしたいという要求を伝えてきた。ジェスチャーが上手なNさんは,大きさなどを私に一生懸命に伝えてくる。「これくらいの大きさ?え?もっと大きく?」「全体をもっと明るくしましょうか?」とNさんの注文を確認したり,私の意見を添えたり,コミュニケーションが図られる。そして私は写真をお借りして,自宅のカラープリンターで大きく拡大,より鮮明にプリントアウトしていく。次回訪問時に「こんなふうにできました」と渡すと,Nさんはいつも気に入ってくれる。とても良い笑顔を返してくれた後,何度も感謝のお辞儀をしてくれる。できた写真を自慢げに奥さんに見せ,喜んでもらおうともする。
> 　相手がこうしたいという望みを十分に理解した上で成し遂げていくのは,お互いの意図が十分に伝わったということ。思いが満たされたNさんは,失語症によるストレスから気分転換できる。良いコミュニケーションが取れたということになる。嬉しい表情を見せてくれたことで,私の仕事に対する喜びも増してくる。

じ,身の回りの物ばかりなのでモチベーションも上がる。

　前にも記したが,導入の部分での近況報告的な雑談は何よりの教材だろう。私がお宅へ入るといきなり新しい情報を伝えてくる人がいる。おいしい店を見つけた話,孫が資格試験に合格した話など,その人にとっての大ニュースは恰好の話題である。喜んで聞いてくれる人――利用者よりそう認められた私は共感しながら,その中身を更に詳しく尋ねていく。失語症者の生活に即した,もってこいの教材である。

　失語症者にとって,訪問STはなんでも相談に乗れる存在でありたい。失語症のためうまく伝えられないと,ついつい「まあいいや」と思いを抑えて遠慮してしまう。そこで止まってしまう相談こそ,実は生活上の急所となる場合がある。この"いつでも気軽に相談で

きる"柔軟な関係を築けるのも，訪問STならではの特徴だろう。
　囲み記事（「気軽な相談もよい教材」）で紹介したMさん，Nさんとの関わりの中には，病院で行なうようなカードや課題を使っての「言語訓練」はない。生活の中でこそできる"生きたコミュニケーション"の展開である。そこには時には電気屋，また時には写真屋といった，STでありつつSTから離れた別のサービス業の顔も持っていなければならない。
　自分のことを分かってくれる人，という信頼関係の下，失語症者の楽しい時間が築かれていく。

自分でいられること

　実は訪問活動を実際に開始するまで，病院で行なってきたことをそのまま在宅で延長していくか，若干の不安と迷いがあったが，一度行ってすぐに答えが出た。それはやはり全く異なったもので，病院と在宅では目標もやり方も別物であると感じた。
　私は訪問リハビリを，病院で診てきた4名でスタートした。それまでも遠藤先生への同行から始めて，知り合いになった失語症の方のお宅を訪ね，その活き活きとした姿に触れた経験はあったものの，いや，だからこそと言うべきか，その人たちの変わりように改めて驚いた。受け身的だった男性が積極的になり，80代の女性は心くばりで私の来訪を迎えてくれた。病院での対応とはまるで違い，別人かと思うほどである。病院の職員はその環境が日常なのでつい忘れがちだが，人は病院では患者となり，自分を出せていないのだとつくづく感じた。
　訪問STを希望する家族の中には，失われたことばの改善とともに，生活の中で楽しい時間を取り戻したいという希望が多い。私は在宅訪問の中でことばの機能回復に留まらず，障害を持つ方の心理的安らぎや日常生活の充足感に着目し，ノーマライゼーションの理念に沿った援助につなげていけたらと考えている。

《訪問》と制度

　STの訪問リハビリが制度化されたのは，まだ新しいことである。1983年に老人保健法に基づく機能訓練事業と訪問指導事業が開始された。このことはリハビリテーションが入院リハだけでは完結せず，在宅リハへの継続が必要であることを国が示したと言ってよく，制度としての訪問リハの原点となった事業である。1988年に「寝たきり老人訪問理学療法指導管理料」が制定され，PT・OTは医療的管理下で在宅訪問が制度化された。1991年は訪問看護ステーションからの訪問看護が開始され，専門スタッフにPT・OTも配置され，在宅での診療上のリハサービスが法的に認められた。こうした訪問リハビリ活動の変遷において，STは残念ながらこの時点でスタッフとして仲間入りできなかった。平均寿命が延び高齢化が進み，また医学の進歩により脳血管疾患の救命率が上がり，ことばの障害を持った多くの人が自宅で困っていても，である。STがその時点でまだ国家資格ではなかったこともその一因と言えよう。1997年，やっと言語聴覚士法が制定された。国家資格となったことで，それまでは低く抑えられていた診療報酬がPT・OTと肩を並べるようになり雇用も増えた。

　病院などリハビリ現場においてSTの採用が進むうちに，2004年に医療保険，2006年に介護保険でSTの訪問リハビリが認められるようになっていった。失語症などのコミュニケーション障害や摂食・嚥下障害の対象者に対し，在宅支援サービスの一員として訪問活動を展開していけるようにはなった。しかし，病院などの施設でのST採用は確実に増えてきているが，施設内での業務に追われ，退院後の支援にまで手が回らないというのが現状なのか，訪問リハビリに関わるPT・OTの数に比べ，STは今もってとても少ない。病院のST室で言語療法を受けてきた人たちが在宅となり，どのような生活をしているのか，コミュニケーションや食事摂取の面で問題はないだろうか，STの誰もがこうした思いを真剣に抱いてもらいたい。特に失語症は病院のリハビリでは決して終了とはならないので，如何にして在宅サービスにつなげていけるか，真摯に考えてもらいたい。そして，考えていく上で「私が訪問STになったら？」という思いが生じたとしたら，是非ともその思いを前に進め

ていってもらいたい。

フリーランスの言語聴覚士として

　2002年4月，私はフリーランスの訪問STを始めた。上記に示すようにこの時点ですでにPT・OTは訪問が制度化されていたが，STの訪問は保険の算定外であり，利用者には実費負担を願わざるを得なかった。その額はどれくらいか，先人に尋ねたくとも私の知る限りでは，特定の組織に属さず生計を立てているSTはおらず，一人で考え進めていくしかなかった。在宅訪問なので，利用者側は移動手段としての交通費はかからない。それがリハビリを受ける実費負担額が高ければ，敬遠されてしまわないかと大きな懸念材料だった。家族が障害を受けたことで入院費他，多額な出費が強いられ，しかも一家の稼ぎ手が患者であった場合は，生活そのものが壊滅的打撃を受けることとなろう。だからと言語療法を安売りで提供した場合，私自身の生活も成り立たないだろうし，後から同様に志すSTがいなくなると，相談したベテランSTからは指摘された。そこで，更に考えた後，折り合いがつきそうな金額に決めた。

　訪問サービスを開始するのに当たり，当事者・家族に「保険外のため実費で請求」と説明すると，不服を申し立てる人はいなかった。夫が病んだため妻がパートに出て，金銭的には決して豊かではない家族も私の訪問を希望してくれた。それぞれの当事者・家族より指導料を月払いでいただく折には，病院勤務時代には決して抱かなかった利用者負担について初めて，それも強烈に受け止めることとなった。これだけ支払っていただくのだから，少なくとも金額に見合った誠意をもって役に立つサービスを提供しなければいけない，と強く感じ取った。私がそうだったように自覚しにくい点ではあるが，自分の仕事の質と利用者の負担（税金も含めて）をきちんと考える機会を持つのも大切であろう。また，覚悟はしていたが訪問活動を浸透させていくためには何年もかかるであろうと，憂えていた。つまりは病院勤務時に得ていた収入には遠く及ばず，低所得は共稼ぎをしていた妻のサラリーで賄うしかないと考えていた。

　ところが大変幸運なことに，私が訪問STを開始して間もなく，"県内初めて"という目新しい情報に地元の新聞やテレビが大きく取り上げてくれた。この上ない宣伝広告となり，そのおかげで希望

者からの連絡が数多く届いた。その後は人づてに情報が広がり，利用者数が開始時の4人から，半年後には4倍である16人にまで増え，収益もそれなりに得ることとなった。

　2004年4月より医療保険による「在宅訪問リハビリテーション指導管理料」にSTが位置づけられた。すでにこの2年間，訪問STを展開していた私にとっては追い風となった。保険が使えれば利用者負担を減らすことができる。算定要件に医師の指示が必要とあったため，STの在宅訪問に理解を示してくれる医師を探さねばならなかった。

　「山梨お口とコミュニケーションを考える会」(p.123参照)の代表であり，私の訪問活動に大変関心を示してくれていた古屋聡医師が，この年の診療報酬改定におけるST訪問について真っ先に注目した。そして近隣で在宅医療を展開されている吉岡医院の吉岡正和院長を紹介下さった。そこで吉岡先生に依頼したところ，快く受け入れて下さった。私は吉岡医院のパートタイマーのSTとして雇用関係を結び，報酬は吉岡医院より訪問回数分支払われる。雇用に関しては時間給ではなく，訪問リハビリ1回における算定という契約が可能かどうか国民健康保険団体連合会に確認してもらったところ，全て承認された。従ってパートタイムのSTが訪問リハビリを行なうことを保険適応で認められたということになる。以来この形で続けている。

　私の保険請求での訪問リハビリは，こうして同年7月よりスタートした。ただ，この時の保険では医療機関での訪問リハビリを利用中の人や，介護老人保健施設等の通所サービス利用者は，算定除外として訪問を受けることができなかった。それでもこの医療保険で算定可能となったおかげで，それまで実費で在宅訪問を受けていた人にとっては，金銭的にかなり楽になったに違いない。私自身，吉岡医院よりいただくパート代が，それまでの実費収益より高かったため，ありがたかった。

　その2年後，2006年の介護報酬改定においては，STの訪問リハビリが認められることになった。この時にも，吉岡先生が算定基準等を県などに積極的に問い合わせて下さり，医療保険同様に介護保険適応で訪問活動へ導いて下さった。これにより自宅で暮らすほとんどの利用者の訪問が保険適応となり，実費負担がなくなった。

訪問リハビリにおける医療保険と介護保険

　訪問STを含む訪問リハビリは，医療保険も介護保険も適用される。ただし使用できるのはどちらか一方であり，介護認定を受け，介護サービスを利用している人は，訪問リハビリを受ける場合，基本的には介護保険が優先されることが原則である（介護保険のサービスを利用できる人は，65歳以上の高齢者（第1号被保険者）と，40〜64歳で特定の疾病で介護を必要としている人（第2号被保険者））。

　しかし，介護保険の対象者であっても「厚生労働大臣が定める疾病」（末期の悪性腫瘍・多発性硬化症・重症筋無力症・筋萎縮性側索硬化症・脊髄小脳変性症・進行性筋ジストロフィー症・パーキンソン病関連疾患などの難病）に該当した場合は，医療保険を用いて受けてもいい，ということになっている。ただし，その場合の算定条件があり，毎月訪問診療ないし往診を受けないと（在宅医療を受けていないと）算定できない。

　私が訪問リハビリに通っている人の多くは介護保険を使用してのサービスである。介護保険を使用していない何人かの場合，つまり，医療保険で訪問リハビリを行なう場合は，在宅医療が行なわれていることが原則なので，医師による毎月の往診が必須となる。

　訪問看護ステーションからでもSTの訪問リハビリサービスを提供できる（医療保険か介護保険が算定可能）。リハビリの内容自体は病院や介護老人保健施設が提供する訪問リハビリと違いはないようだが，主治医からの指示書（指示期間）や報酬に関してなど異なる点もある。私は現在このサービスでの訪問は行なっていない。

訪問サービスの報酬は？

　リハビリ医療の診療報酬体系は大変複雑であり，しばしば変更されてきた。その中で，STも関わる訪問リハビリ報酬については上記に示した通り，医療保険においては2004年4月から「在宅訪問リハビリテーション指導管理料」が，また介護保険では2006年より「訪問リハビリテーション費」がそれぞれ算定可能となった。

　2012年の診療報酬（医療保険）による，「在宅患者訪問リハビリテーション指導管理料」のST関連項目を以下に示す。

　① 在宅での療養を行っている患者であって，疾病，傷病のために通院してリハビリテーションを受けることが困難な者又は

その家族等患者の看護に当たる者に対して，患者の病状，患家の家屋構造，介護力等を考慮しながら，医師の診療に基づき，STを訪問させてリハビリテーションの観点から療養上必要な指導を20分以上行った場合「1単位」に算定。
② 1単位300点，算定はPT，OTの訪問リハビリも含め週6単位を限度であるが，退院の日から起算して3月以内の患者に対し，入院先の医療機関の医師の指示に基づき継続してリハビリテーションを行う場合は，週12単位まで算定できる。
③ 訪問診療を実施する保険医療機関において医師の診療のあった日から1月以内に行われた場合に算定──患者は毎月受診することが義務づけられている。
④ 指導の内容は，患者の運動機能及び日常生活動作能力の維持及び向上を目的として行う。STの場合，言語機能又は聴覚機能，食事訓練等に関する指導とする。
⑤ 医師は，STに対して行った指示内容の要点を診療録に記載する。STは，医師の指示に基づき行った指導の内容の要点及び指導に要した時間を記録にとどめておく。
⑥ 他の保険医療機関において在宅患者訪問リハビリテーション指導管理料を算定している患者については，在宅患者訪問リハビリテーション指導管理料を算定できない。
⑦ 介護老人保健施設において，通所リハビリテーションを受けている月については，在宅患者訪問リハビリテーション指導管理料を算定できない。
⑧ 在宅患者訪問リハビリテーション指導管理に要した交通費は，患家の負担とする。

次に，2012年の介護報酬（介護保険）による，「訪問リハビリテーション費」によるST関連項目を以下に示す。
① 通院が困難な利用者に対して，指定訪問リハビリテーション事業所のSTが，計画的な医学的管理を行っている医師の指示に基づき，指定訪問リハビリテーションを行った場合に算定。
② 1回につき20分305単位，40分連続してサービスを提供した場合は2回として算定可能。PT，OTの訪問も含め1週に6回を限度。

③ 指示を行う医師の診療の日から3月以内に行われた場合に算定する。
④ 別の医療機関の医師から情報提供を受けて，訪問リハビリテーションを実施した場合には，情報提供を行った医療機関の医師による当該情報提供の基礎となる診療の日から3月以内に行われた場合に算定する。この場合，少なくとも3月に1回は，リハビリテーションの指示を行った医師は当該情報提供を行った医師に対してリハビリテーションによる利用者の状況の変化等について情報提供を行う（図1に例を示す）。なお，指示を行う医師の診察の頻度については利用者の状態に応じ，医師がその必要性を適切に判断する。

訪問言語聴覚士で十分食べていける？

吉岡医院における私の報酬システムは，毎月吉岡先生より「診療情報提供及び（介護予防）訪問リハビリテーション指示書」が出される（図2）。私は訪問状況（時間，特記事項等）を毎日メールで連絡するとともに，月末には各利用者の訓練目標における達成度と来月の訓練プログラム，及び特記事項を実施報告書として提出する（図3）。この手続き完了により1月分の報酬が得られることとなる。

医療保険の場合は訪問リハビリの指示書を出す医師（私の場合吉岡医院）を毎月受診，または往診が必要条件である。介護保険では上記2012年の介護報酬改定により，リハビリ指示を出す医師の診察頻度が緩和された。それ以前は医師の診察頻度は1月毎だったが，利用者の状態像に合わせ3月に1回以上となった。ただ厚生労働省より発信された法律の解釈において，地域差が若干見られることもあるので，それぞれの管轄地域の保健所等に問い合わせ，確認する必要がある。

上記2012年の診療報酬（医療保険）⑦で記載されている通り，介護保険によるサービスを受けている者は，医療保険による訪問リハビリテーションを受けることができない，ということを注意しておきたい。利用者が医療保険でのサービス提供を求める場合は，事前にしっかりと確認しておくべきである。医療保険の場合，身体障害者手帳取得者の医療費助成金制度を利用している方は，自己負担がかからなくなる。

【在宅医療情報提供書】

83-0

紹介先医療機関等
担当医　　　　　　　　　　先生御侍史　　　　　平成　年　月　日

紹介元医療機関等の所在地及び名称　405-XXXX　山梨県山梨市○○○○○○
　　　　　　　　　　　　　　　　　　　吉岡医院
　　　　　　　　　　　　　電話番号　(0553)○○-○○○○　FAX (0553)○○-○○○○
　　　　　　　　　　　　　E-mail　　○○○○○@○○○○○.ne.jp
　　　　　　　　　　　　　医師氏名　　吉岡　正和　　印

患者氏名　　　　　　　　殿	
患者住所	性別　男・女
電話番号	
生年月日　平成　年　月　日　(　歳)	職業

傷病名　(生活機能の低下の原因となった傷病名等)	紹介目的

既往歴及び家族歴

症状経過、検査結果及び治療経過

現在の処方

要介護状態等区分：　要支援1　要支援2　経過的要介護　要介護1　要介護2　要介護3　要介護4　要介護5
　　　　　(有効期限：　　　年　　月　　日〜　　　年　　月　　日)

障がい高齢者の日常生活自立度(寝たきり度)　□自立　□J1　□J2　□A1　□A2　□B1　□B2　□C1　□C2
認知症高齢者の日常生活自立度　　　　　　　□自立　□I　□IIa　□IIb　□IIIa　□IIIb　□IV　□M

日常生活活動(ADL)の状況(該当するものに○)

移動	自立	見守り	一部介助	全面介助	食事	自立	見守り	一部介助	全面介助
排泄	自立	見守り	一部介助	全面介助	入浴	自立	見守り	一部介助	全面介助
着替	自立	見守り	一部介助	全面介助	整容	自立	見守り	一部介助	全面介助

本人及び家族の要望

現状の問題点・課題　(今後予想されるリスク)

備考

備考　1. 必要がある場合は続紙に記載して添付すること。
　　　2. 必要がある場合は画像診断のフィルム、検査の記録を添付すること。
　　　3. 紹介先が保険医療機関以外である場合は、紹介先医療機関名等の欄に紹介先介護保険施設、保険薬局、市町村、保健所等を記入すること。かつ、患者住所及び電話番号を必ず記入すること。

図1　在宅医療情報提供書の例

診療情報提供及び（介護予防）訪問リハビリテーション指示書

フリガナ 患者氏名		生年月日		性別	電話番号
		平成　年　月　日生　　歳			

患者住所	〒　　　　／
指示期間	平成　年　月　日　～　平成　年　月　日
主たる傷病名	
現病歴	
既往歴 （Ope 式等）	
薬の種類	（薬の相互作用，副作用についての留意点，薬物アレルギーの既往症があれば記載して下さい。）
日常生活自立度	寝たきり度：　□正常　□J1　□J2　□A1　□A2　□B1　□B2　□C1　□C2 認知症の状況：　□正常　□Ⅰ　□Ⅱa　□Ⅱb　□Ⅲa　□Ⅲb　□Ⅳ　□M
要介護認定の状況	□支援1　□2　□介護1　□2　□3　□4　□5

※以下のリハビリ実施内容に関して指示事項に☑を御願い致します。

指示事項	評価	□身体機能評価　　□高次脳機能評価　　□日常生活動作評価
	訓練	□運動機能訓練　　□高次脳機能訓練　　□日常生活動作訓練 □その他（　　　　　　　　　　　　　　　　　　　　　　　　）

注意事項	運動量，脈，血圧等
緊急時の連絡先	
不在時の対応法	
備　考	

上記のとおり，訪問リハビリテーションの実施を指示いたします。　　　　平成　年　月　日

　　　　　　　　　医療機関名：吉岡医院
　　　　　　　　　住　　所　：山梨県山梨市○○○○○○
　　　　　　　　　電　　話　：(0553)○○-○○○○
　　　　　　　　　Ｆ　Ａ　Ｘ：(0553)○○-○○○○
　　　　　　　　　医師氏名　：吉岡　正和　　　　　　　　印

殿

図2　診療情報提供及び（介護予防）訪問リハビリテーション指示書の例

H24年11月30日

訪問リハビリテーション実施報告書

塩山○○病院
　□□　□□　先生　御机下

下記の通り，訪問リハビリテーション実施について報告致します。

<u>患者　○○　▽▽▽　殿　　女性　（78歳）</u>
　当科診断　失語症（運動性失語），発語失行

〈実施日〉
平成24年
　　11月 7日（水）10：50 − 11：30
　　11月14日（水）10：50 − 11：30
　　11月21日（水）10：50 − 11：30
　　11月28日（水）10：50 − 11：30

〈訓練 program〉
① 聴覚的理解力改善訓練（単語～短文レベル）
② 読解力改善訓練（単語～短文レベル）
③ 書字～音読訓練（単語レベル）
④ 呼称訓練（高頻度単語）
⑤ 対人 communication 訓練

〈実施上特記すべき事柄〉
1. Mentality が保たれて，それぞれの課題に積極性を感じる。
2. 短文での聴理解が改善し，簡単な3文節文が8割程度理解可能になった。日記は日付と天気だけは，一日も欠かさず続けている。
3. 15日（木）にデイサービスでふれあいの森公園に紅葉観賞に行ったと，その様子や感想をジェスチャーや yes-no 反応で答え，楽しかった様子が窺われた。
4. 25日（日）は友の会の例会に夫婦共々参加され，楽しく交流し，3択クイズにおいては10問中8つ正答し，準優勝だった。
5. バイタルチェックにおいては，血圧が高めで，21，28両日とも150／90mmHg を超える値だった。食欲はあり睡眠も十分取れている様子。

以上よろしくお願いします。

吉岡医院
言語聴覚士　平澤　哲哉

図3　訪問リハビリテーション実施報告書の例

私の在宅訪問は症状や年齢，体力や集中力などから長時間は困難という利用者を除いて，1回1時間以上が基本である。一対一の訓練を長時間継続するのは容易ではないが，大概は家族が同席するので話題を振るなど，気を休めることも配慮している。

　私の訪問リハビリにおける請求は40分という時間でいただいている。医療保険では20分300点×2で600点，介護保険では20分305単位×2で610単位となり，それぞれ1件につき約6,000円の収益となる。1日に何件，1週間では，1月ではと考えていくと，訪問STで十分に生計を立てられる，ということが明らかになる。

《訪問》の流れと留意点

初回訪問までの流れ

医師の指示書

　初回訪問の手順については，その事業所ごとに異なるであろう。私については吉岡医院のパート職という契約を交わしているため，医療保険，介護保険とも申込み相談は吉岡医院を通してもらう。訪問を希望される当事者・家族，かかりつけ医から直接依頼される場合もあるが，介護保険の場合はケアマネジャーからの申込み相談が必須である。あらかじめ介護認定を受けた上でケアマネジャーに相談し，訪問リハビリの申込み段階となるのだが，まずケアマネジャーに訪問STについて理解してもらうことが必要になることが多いように思う。

　ケアマネジャーとは介護支援専門員の通称であり，介護全般に関する相談援助・関係機関との連絡調整・介護保険の給付管理などを行なう役割である。ところが，介護保険における訪問リハビリの内容やシステム自体を十分に把握していない人が多く，特にSTという職種について，失語症・構音障害についても，あまり理解されていないようである。

　私に直接電話で尋ねてくるケアマネジャーが時折いる。確かにフリーランスのSTは，まだ珍しい存在なので仕方がないのかも知れないが，「ことばの訓練を訪問でしてもらえるんですか？」と自信なさげに聞かれ，「そうです」と返すと「どう進めたらいいんですか？」と，専門員らしからぬ質問が続くことも少なくない。だがここは，訪問STのことを分かってもらい，何より必要としている人に繋げてもらうチャンスと前向きに捉えたい。

　相談の対象者が私の訪問に適合するかどうかを確かめた後，利用方法を説明していく。訪問リハビリを開始するのには医師のリハビリ指示書が必要であるということ。主治医が吉岡先生でない場合は，主治医から吉岡先生に診療情報提供書を出してもらうこと。それを受理した上で吉岡先生は私に指示を出し，訪問リハビリの保険請求ができる，という流れを説明し，理解してもらえた上で吉岡医院を紹介する。吉岡先生はケアマネジャーの電話での問合せに，口

頭で概要を説明してくれるのだが、リハビリにあまり縁のなかったケアマネジャーは、聞き慣れない内容に戸惑うばかりということが多いようだ。電話では埒があかないとその後あらためて、吉岡医院に直接説明を受けにくるケアマネジャーもいるという。知らなかったことはともかく、それをきちんと理解しようとする人とは今後よい関係を築けるかもしれない。

中には、かかりつけ医からの依頼書は添えられているものの、STの訪問リハビリには不適応のケースもある。ケアマネジャーにはその利用者が訪問リハビリの対象者となるか否か、その判断は困難なため、吉岡先生の段階で申込みを断るケースも時々出てくることもある。例えば多発性脳梗塞の診断で巨大脳動脈瘤もある患者で、「認知症があり嚥下と発語が困難」ということで医師から紹介されたケースがあった。リハビリ病院ではほとんど進歩なく退院になったという。コミュニケーション訓練と違い、摂食・嚥下訓練は危険を伴う。在宅で行なう場合は窒息や肺炎を起こさぬよう、かなり慎重に進めなければならない。結局、吉岡先生が依頼先の家族から状況を尋ね、在宅でのSTによる嚥下訓練は危険が大きく、発語訓練も難しい状態と判断し、歯科医・歯科衛生士の口腔ケアを勧めたので、患者側も了解し一件落着になった。

このように開始前にもいろいろあるのだが、主治医やケアマネジャーなどからの情報を受けた後、訪問リハビリ事業所の医師の指示に従い、ST等のサービス提供が開始されることになる。

事前情報の入手と整理

病院で入院患者のリハビリ処方箋が出た時には、まずはベッドサイドへ様子窺いに行き、患者に挨拶したり、言語リハビリについて説明したりして、そのやり取りの様子から如何なる人か大まかに摑むことができる。また医師・PT・OT・看護師・MSW（医療ソーシャルワーカー）など他職種からの情報も入手できる。では、訪問の場合はどうか。

介護保険の訪問リハビリにおいては、ケアマネジャーによるサービス申込みにあたってケアマネジメント連絡用紙や基本情報に関する資料、居宅サービス計画書・指示書などの情報が集まる。また、入院していた病院からのリハビリに関する報告書などがあれば提出

してもらえるようにお願いする場合もある。実際，「右片麻痺，失語症」という情報だけ入手したのでは心細い。そして開始前に担当者会議が開かれ，更に詳細な事前情報がそこで入手できることとなり，この場合は助かる。

　ところがケアマネジャーや他種職の調整が都合よく行かず，顔合わせの会議が開始後になることもあり，また，医療保険での訪問リハビリの場合は，ケアマネジャーは関わらず，会議もないため，何らかの工夫が必要となってくる。さすがに，いきなり訪問というわけにはいかないので，事前に先方へ電話を入れておくのが無難だろう。挨拶をするかたわら，家族に当事者の状況を尋ねては，どのような相手なのかある程度摑んでおく必要がある。家族の様子も受け答えでなんとなく分かる。そこで大まかなイメージを浮かべながら，初回訪問時にはどのように接していこうか，構想を練っていくのである。

　なお入院中のデータを揃えて提供してもらうことには，STが事前に本人のイメージをもてるということ以外に，当事者の負担を軽減するという意味がある。在宅において，いきなり標準失語症検査のような評価バッテリーを施行するのは，利用者にとって負担が大きいと考えておいたほうがよい。こうした検査は入院中に必ず何度か受けているだけに，「またか」とうんざりされる可能性も高い。しなくても済む検査をしないためにも他職種間はもちろん，病院のSTともしっかり連携を持ち，在宅での言語リハビリの第一歩がSTにも当事者にもストレスなくスムーズに進めていけるようにしたい。

契約を結ぶ

　訪問リハビリを進めていくための契約に関しては，交付の義務づけはないが，吉岡医院では契約時の事務手続きとして次の三種類を交わしている。

① 重要事項説明書（事業所の概要，事業所の職員体制，訪問リハビリ算定日，サービス提供の主な内容と提供方法及びサービス提供方針等内容及び提供方法，利用料，相談・苦情対応）

② 契約書（契約の目的，契約期間，サービス提供の記録，利用者負担金及び支払い方法，契約の終了，損害賠償，秘密保持，苦情対応，契約外事項）

③ 個人情報取り扱いに関する同意書

①〜③に関しては同じ書類を2部作成し，1部は利用者保管，1部は事業者が保管する。医療保険もしくは介護保険における公費負担の説明及び確認。また，訪問リハビリテーション指示書に係る医師への受診（往診）は医療保険と介護保険では異なるため，確認しておく必要がある。

説明書，契約書等で示された事項は，その場で口頭でも説明し確認しておく必要がある。特に利用料については1回の利用がいくらで，1ヶ月でいくらくらいか示し，支払い方法（訪問時集金，受診時集金，銀行振込など）の説明，体調不良や用事などで中止となる場合の連絡，祝祭日での運用など，開始前に必ず説明しておくこと。これらの決まりも口約束ではなく，重要事項説明書に挙げておくのが望ましい。

以上の契約は必ず本人も同席の上で，できるだけ分かりやすく説明しながら本人・家族に理解できたか確認しながら進めていく。複雑な契約内容であるため，失語症などで十分に理解できない当事者の中には，一生懸命に耳を傾ける方がいれば，初めから避けるような人もいる。説明は聴かせるだけでは決して十分ではないので，白紙に文字を示しながら，相手の顔を見ながら（分かったかどうかを確認しながら）ゆっくり短く伝えていく。理解できていない様子だった場合，何度でも繰り返し伝えていきたい。また高齢者で家族がいない場合は，権利の代弁・擁護・弁護が確保されることを目的とした成年後見制度など第三者の関与が活用できるようにする。成年後見人がいない場合や，失語症のような意思疎通が難しい方が一人暮らしの場合，これは常に問題になるところである。公的な機関――市役所の地域包括支援センターを巻き込んでいかないと無理なことだと思われる。あとはケアマネジャーの力量だろう。

初回訪問

事前情報が揃うと利用者の状況をおおよそ推測できてくる。明らかにされていない点や疑問に思う点を挙げておき，当日どのように探るべきか考えておこう。初回訪問の前日までには一度，挨拶も兼ねて確認の電話を入れておく。そこでは曜日，時間の確認と駐車場の位置などを尋ね，「今，どのような状況ですか？」と家族から利用

者の様子を伺うことも忘れないこと。病院でリハビリをしてきた方の場合，訓練内容に対する当事者の良かった・悪かったの印象などを聞けるといい。好印象のところは継続していくなど，大まかなプログラムを作っていける。ただ家族は専門家ではないので，過度な評価で伝えることがしばしばある。「話は全部わかります」「全く話せません」と聞かされ実際に会ってみると半分程度の理解力であったり，口形を示すことで単語がいくつも言えたりと，鵜呑みはできない。ポイントとしては，在宅でどんなコミュニケーション環境で過ごしているのか。訪問リハビリに対する期待度と協力体制は如何なものか。などを事前に摑んでおけたらいい。

　訪問前に，私は可能であれば下見をしておくようにしている。当日は時間に余裕を持って出掛けるようにしているが，それでも遅れそうになる場合には，事前に電話を入れておく。これは対人マナーとして必須であろう。利用者の多くは，それまで病院でST訓練を受けてきているので，「今度のSTはどんな人かな？」と興味津々であり比較対象となる。利用者と家族は，新しいSTに注目しながら相性が合うことを願っている。楽しいコミュニケーションを築いていくのに，第一印象での失敗は絶対に避けたいものである。

　サービス業においては"爽やかな笑顔""明るい声""元気な挨拶"の3点が特に重要といわれている。特に挨拶に関しては，最初に会った時の"印象"や"好感度"といった数値化できない感情が，その後の信頼関係を大きく左右するといえよう。人間関係は'挨拶'に始まり，'挨拶'に終わるといわれるように，訪問先においてはかなり気をつける必要がある。訪問リハビリは，サービス業精神で臨むのが絶対条件である。爽やかな笑顔で，明るく元気に挨拶をすること。もう一つは正しい言葉遣いで，相手を敬うよう丁寧に接することである。お互いが慣れて，堅苦しくない程度に親しみを込めてことば掛けするのは構わないが，あまりにも馴れ馴れしく雑な話し方になるのは注意したいところである。

　加えて，訪問リハビリは利用者宅に上がらせてもらうので，身だしなみや服装への気配りも重要である。身だしなみや服装，話し方，マナーなどを整えることで，相手に敬意を払うことになる。清潔感あふれた身だしなみで明快に対応していくことは，相手方に好印象と安心感を与えるとともに，サービス開始にあたって最初の信

頼関係を築くこととなろう。病院など施設ではSTも白衣を身に着けることが多いが，在宅で私は白系のワイシャツとネクタイ着用である。白衣など着ているとリラックス気分が台無しになる。病院や施設などに出向く時には，感染防護として白衣を身に着けるが，在宅では通常清潔な服装で十分である。

初回評価

　初回訪問前に揃える情報の中には，必ず病院STからの報告書も加えたい。記された経過を参考に，訪問時には本人・家族に主訴と訪問リハビリへ対する要望を尋ねていく。ことばの障害を持つ利用者の場合，「言いたいことがうまく伝わりますか？」「一番困るのはどういう時ですか？」と，現在の言語症状や生活上困ることなどを確認する。本人と家族の障害に対する捉え方は，おおかた嚙み合わないことが多いので，コミュニケーション上の不具合を双方で確認することも必要になる。入院中の訓練で教材課題が可能となったので，失語症は改善し，ことばが使えるようになったと誤解する家族が多い。失語症の夫に対して「ちっともことばで伝えてこない。あれだけ病院ではうまく言えるようになったのに」と妻が不満をこぼす。夫は練習してきたカードを多少は言えるようになったが，ことばを自由に伝えられるようになったわけではない。課題を正確にこなせるようになったことが，実際のコミュニケーションに支障をきたさなくなったわけではない。そればかりか失語症のことを少しも解ってもらえないと，ストレスは増すばかりである。訪問STは初回評価において，本人の言語機能に焦点を置くだけではなく，家族関係をしっかり確認しながら，誤解が生じないように対応方法や工夫についても考えていきたい。

　病院では標準化された失語症検査を中心に評価し，機能低下した部分の改善を図るための訓練を実施していく。検査のそれぞれの項目での採点は"できる"か"できない"かである。従って病院のST室では"言えない"を"言える"に，"書けない"を"書ける"に，という短絡的な目標を設定することが多い。そして数ヶ月後に，"できる"ようになった数が改善の目安となるようである。こうした評価をもとに「良くなりました」とSTは押し付けていないだろうか。訪問STの場合は，生活レベルのコミュニケーション能力が

評価の基盤となる。例えば「簡単な世間話が理解できるか」という点では，問題なく理解できるか，繰り返しが必要か，「名前や住所が言えるか」では，問題なく言えるか，手掛かりが必要かと，日常会話の中でどのような状態なのかを明らかにしていく。単に"できる""できない"ではなく，どのような工夫があれば"できる"に近づくのか，本人・家族と共にその評価を実感していく。生活に密着しているので，努力課題も分かりやすい。

　また，今後の訪問における目標を設定するに当たり，本人の生活意欲（生活上の自立──希望を持ち，前向きに生きていくこと），コミュニケーション意欲，リハビリ意欲，仕事や趣味などの経歴も知っておきたい。利用者の中には病院でのカードを使用しての訓練を好む人がいれば，あまり好まない人もいる。本人が関心を示す課題を新たに見つけ，興味を持って臨めることは，"有意義に過ごせる"訪問リハビリの確約であり安心感につながっていく。

　病院退院時のST報告書が手元にあれば，敢えて失語症検査をする必要はない。検査自体当事者には負担であり，苦痛である。それでも確認しておきたい部分がある場合は，訪問リハビリを行なう上で調べておきたいという説明と本人の同意（インフォームドコンセント）を得る。

　そして，事前情報と初回評価で解ったことを本人・家族に説明する。まず，コミュニケーション及び食事摂取に関する今の状況と日常生活上の問題点を伝える。次に目標を設定していくが，利用者・家族の要望に一致するように決めていく。そして，次回からの具体的な訓練方法と3ヶ月後，半年後の目標と，長期継続における有用性を伝えていく。

定期訪問の流れ

挨拶

　契約も済み，定期訪問の曜日や時間も決まり，毎週利用者宅に伺うこととなる。挨拶をことばや仕草で交わすのだが，ここで本人や家族の様子をそれとなく観察していく。顔色や声，動きの状態などいつもと比べて変化ないかチェックする。特にいつもと変わりなければそれでよし，何か変化があるようなら「調子は如何ですか？」

●《訪問》の流れと留意点

「夜眠れていますか？」などと，気遣いながら対応していく。
　また利用者宅の玄関から居間，窓から見える景色などにも注意を払おう。挨拶時に「玄関に置いてあったバラは素晴らしいですね」「庭の柿が良い色になってきましたね」と切り出すだけで場の雰囲気は和むもの。何よりコミュニケーションの大事な切っ掛けにもなる。

バイタル・生活チェック
　訪問時に挨拶を交わし，顔色など普段との変化を観察したり，本人や家族に尋ねたりしながら健康状態を確かめていく。血圧・脈拍を測り，普段の値との比較をする。こうしたバイタルチェックをしながら，その日の訓練内容を変更，場合によっては中止することもある。事前に医師からの診療情報と，特に注意事項欄を確認しておくことは必須である。
　「ご飯はおいしく食べていますか？」「デイには毎週行っていますか？」などと日常の生活チェックも必要である。安全に十分食事を取っているか，入浴は定期的に行なわれているか，睡眠はきちんと取れているかなど，いつも通りの状態かを確認していく。
　本人のチェックをしながら，家族（介護者）にも必ず目を向けることが大切である。健康でいるか，疲れていないか，睡眠，食事，家事全般，良い状態で生活できているのか，介護疲れで動けなくなったりしないように確認しておきたい。特に訪問では，家族も含めて支援の対象と捉えておくべきである。
　もしこうしたチェックの中で，問題が明らかになり専門的な支援が必要な状況にあると判断した場合，介護保険の利用者ならケアマネジャーにすぐに連絡すべきである。また医療保険での利用者の場合は，直接主治医に知らせる必要があろう。

訓練
　まずは近況報告的な雑談を楽しむ。体調はどうか，どこか外出したか，娘さんからの連絡はあったかなど，本人の伝えたい意欲を高めていく。ことばの障害を診ていくだけでは当事者の生活は改善されない。本人の話したい気持ちをしっかり受け止め，今ある言語能力で伝えやすいようにこちらも聞き方を工夫しながら話題と気持ち

を共有することで，会話という人にとって大切な生活上の行為をその場に成立させる。それが伝わる喜びとなり，どうしたら伝わりやすくなるかという気持ちを，更に本人が持つことでコミュニケーションの意欲が高まり，それが在宅生活のQOLを高めることにつながる。本人の興の乗り具合によっては10分から20分，日によっては30分以上雑談に費やすこともある。

　前述の通り私の訪問時間は1時間を目処に設定している。90歳以上の高齢者の場合，1時間はやや長いので短めに設定するし，逆に若くより改善を求めている人の場合は1時間以上の計画で行なっている。ただ大切なのは長さではなく，利用者の抱く満足度ではなかろうか。それには機能訓練だけを無暗（むやみ）に行なうのではなく，心が休まるような雑談を入れるなど，減り張りをつけた訓練が必要である。

　Ｏさん（80歳男性）の在宅訪問は「おはようございます」「よろしくお願いします」と挨拶で始まり，「どこかお出掛けになりましたか？」と近況の雑談がしばらく続く。それが済むと，「ではいつものように質問していきますね」と雰囲気は訓練モードに変わる。「お名前を言っていただけますか」と本人・家族の名前，住所，電話，生年月日，年齢，日付や曜日，挨拶ことば等をキャッチボール的に行なう。その後「調子はどうですか？」→「まあまあです」，「よい天気ですね」→「そうですね」，「寒く（暑く）ないですか？」→「大丈夫です」，等の会話パターントレーニングにつなげていく。Ｏさんとは6年前に訪問リハビリが始まり，当初よりこうした訓練的課題を望んでいる。更に病院で行なうようなカード教材での理解訓練，呼称訓練を好む。"しっかりやった"という実感とともに，"うまくできた"という達成感も味わえるのだろう。

　Ｐさん（74歳男性）は訓練的課題よりも，私とのフリートーキングを好む。リビングルームに入るなり，Ｐさんは待ち構えていたかのように，私の前にこの日の話のもととなる資料を提示する。外食に行ったお店のチラシ，話題の新聞記事，旧友からの手紙など話題は様々。どれもが相手に伝えたい，共感してもらいたい，という積極的な主題提供である。Ｐさんは口頭表出が困難だが聴理解は良く，単語レベルの自発書字が多少できる。「Ｐさん，この店で何を食べたのですか？」に対し，左手で絵を描く。「これはとんかつ？違

●《訪問》の流れと留意点

う？んーん，ハンバーグ？」と，問答の中から解明されていくことを，Ｐさん自身楽しんでいるよう。時には昔の写真を見せては，初恋の人だったと，奥さんには秘密の話も私に伝えてくれる。ＰさんにすればＳＴとの週一回の"訓練"時間が，自分を吐きだせる生きた時間なのであろう。しかしＳＴとしてはここから如何に外に広げていけるかが課題である。

　口腔顔面に麻痺があり流涎，上肢の筋緊張，飲込みの問題がある方や摂食・嚥下訓練においては，口腔顔面マッサージ（アイシング）が有効である。訓練時間の最初や途中で，休憩時間的にマッサージしながら会話をするので緊張が取れ，リラクゼーション効果にもなる。

　病院で呼吸・発声・構音訓練を受けてきたＱさん（72歳男性）が，私の訪問を受けることになった。見るからに頸部から肩甲骨にかけての緊張が高い。発声は努力性で持続時間は5秒程度。「少し触らせて下さい」と断り，頸部・肩，口腔顔面のマッサージ等を20分程行なった。姿勢を整え，再度声を出してもらうと努力性はなくなり，持続時間は15秒になった。これには同席の奥さんも「あれまぁ」と驚いた様子だった。

　訪問リハビリにおいては，訪問先の当事者と家族が期待するニーズをしっかり受け取る必要がある。ケアマネジャーからの情報で，本人の希望欄に記されている事柄は重度失語症者の場合，当てにならないことが多い。重度失語症者から希望を引き出すのには，十分な症状把握の上，押し付けにならないような聞き方が求められる。「もっとことばが話せるように」と希望欄に記されていることが多く，本当にそう思っているのか，疑問に思うことがある。ＳＴが訪問する意義はどこにあるのか，訓練がＳＴ本位にならぬよう，当事者の様子を第一に，家族の負担軽減を図るような手立ても摑んでおく必要があろう。病院で行なうような"できないこと"を"できる"ようにしていく訓練ではなく，"できないまま"でも有意義な時間を過ごせたという実感を抱いてもらうこと。この積み重ねによって，ことばなんかなくたって満足な生活を送っていける，という思いにつながっていくのではなかろうか。そしてそれが実はことばにもよい影響を及ぼすということは念のため付け加えておく。

"お茶タイム"を楽しむ

　訪問を開始してまだ3ヶ月の頃に，Rさんという70代の男性のお宅に訪問することになった。若い頃からスキーや登山，テニスなどのスポーツ愛好家であり，海外旅行にも数多く出掛けている。休日は家族でレストランや小料理屋に行き，おいしい食事や雰囲気を楽しんでくる。失語のタイプはブローカ。会話の理解は良く，単語レベルの発話が多少可能だった。そんなRさん宅に行くようになってこんなことがあった。朝9時からの訪問リハビリが10時くらいに終了する。すると同席している奥さんが見計らって"お茶タイム"である。この時分私はやや太り気味であり，医者からも痩せることを勧められていた。元来，間食は取らない質で，4月から在宅訪問を始め，家々で出されるお茶や菓子をお断りしてきた。さて，Rさん宅で奥さんがコーヒーと和菓子を私とRさんの前に置き「どうぞ」と勧めた。私は即座に「大変申し訳ないです。私は間食を取らないようにしていまして……」と他の家と同様，お断りした。すると突然Rさんがムッとした表情になり私を指差し怒鳴り始めた。Rさんのことばは不明であったが，急変した理由はすぐに分かった。私がおやつを拒否したからだ。

　Rさんは"お茶タイム"を毎日とても楽しみにしていた。羊羹や団子などの和菓子や，ちょっとお洒落な洋菓子まで，コーヒーや紅茶と一緒に午前，午後いただく習慣だった。しかも，訪問者に「粗茶ですがどうぞ」と勧めて共に楽しんでもらいたかったのだろう。「すみません」と私がすぐに出された和菓子を頬張ると，Rさんは何もなかったかのように普通の温和な表情に戻っていた。

　訪問STは利用者の生活の場に入り込むわけであるから，ことば遣いやマナーは当然，細かな気配りも大切である。その上で有意義な時間を如何に提供できるか，真剣に考えていく必要がある。Rさんの日常にお邪魔したわけであり，習慣になっている"お茶タイム"を楽しく共に過ごすのは大事な礼節である。同時にRさんとの関係性や心理的距離間にも影響を及ぼす。たかが"お茶タイム"，されど"お茶タイム"である。利用者の生活習慣を尊重し，共に楽しめるようでありたい。

フィードバック

訪問リハビリ終了時には，必ずその日の成果やプラスとなった事柄を本人・家族に伝えておきたいもの。「だいぶことばがスムーズに出るようになりましたね。これからますます良くなっていきそうですね」といった感じである。課題の出来・不出来はSTにしか理解できていないこともあるので，細かな評価まで分かりやすい表現でフィードバックしていくことを心掛ける。逆にあまり十分でなかった人の場合，できなかった箇所を敢えて持ち出すようなことは避けたい。それでも本人はできなかったことを気にしている場合もあるので，「今日は少し難しいところでしたが，よく最後まで頑張ってくれました。ありがとうございます」と，ねぎらいのことばを伝えることで，失敗感が少し和らぐこともある。

大事なことは，STが退出する折に，本人・家族が「また来週，来てもらいたい」「来週は（も），頑張りたい」という期待感を抱いてもらうこと。そのために次回へつながるフィードバックは大事なポイントである。

記録

STは行なった言語リハビリの内容を，きちんと記録して残すことも大切な仕事である。しっかり残すことで，対象者の経過を追うことができ，その後の展開につなげていけるようになる。病院のST訓練場面では，教材を使いながら反応を詳細に記録していくことが多い。当事者にすると毎回検査されているようなイメージで，落ち着かないものだ。訪問STにおいては訪問時，その場で記録に時間を費やすことはほとんどない。本人・家族とのコミュニケーションの場であり，自然な状態で進めていくことを心掛ける。それでもポイントになるような事柄は，メモ的に残しておく。

帰宅後はその日の訪問先での様子をカルテに記録していく。ここでメモは役に立ち，それを頼りにまとめておく。毎日の訪問リハビリに関してはメールにて医師（私の場合は吉岡先生）などに報告する。実施時間とその日に特記事項があれば，それを伝える。また，月末には各利用者のST報告書を，主治医宛に提出する。

摂食・嚥下障害の場合

　摂食・嚥下機能障害者Sさんが，入院していたリハビリ専門病院で早期退院を迫られた。十分な摂食・嚥下リハビリを受けられないSさんは，胃瘻の手術を受けて退院させられた。自宅に戻ったSさんは「口から食べたい」と訴えるようになり，ケアマネジャーより吉岡先生に相談が行った。吉岡先生がSさんを往診し，その上で私に摂食・嚥下機能評価の処方が出た。後日Sさん宅に訪問し機能評価を行なったところ，摂食・嚥下に誤嚥の危険性はなく，直接嚥下訓練に数回通うだけで終了となった。その後Sさんは問題なく家族と同じものを普通に食べているという。

　Sさんのように入院時に摂食・嚥下障害にて経口摂取が困難な人に対し，胃瘻をつくり早期に退院させることがある。リハビリ病院では入院期間が決められているので，摂食・嚥下訓練が中途半端で終了とならないようにしているのだろうか。何のための入院であり，リハビリなのだろうととても疑問に感じてしまう。

　Sさんのようなケースは時々あるが，しっかりリスク管理して対応する必要がある。病院と違い，在宅では危険を冒した時，致命的になる可能性もある。対象者の事前情報や取り巻く介護環境・食環境・食内容などを把握し，問題点を抽出すること。重度の嚥下障害や認知症を伴う人は介入が難しいケースが多い。まずは慎重にスクリーニングテスト（反復唾液嚥下テスト，水飲みテスト，フードテスト等）を行ない，聴診器での頸部聴診も必要である。直接訓練が可能か否か迷うような場合は，医師に相談し，本人・家族の意向を聞いた上で，VF（嚥下造影検査）及びVE（嚥下内視鏡検査）を受けてもらうようにしている。

　STが摂食機能療法を行なう場合は，個々の患者の症状に対応した診療計画書に基づき，医師又は歯科医師の指示が必要となっている。訓練状況は医師に報告し，トラブルや体調不良などを起こした場合は，迅速に医師に連絡することである。

ネットワークを築く

チームとしての意識

　2002年4月，私はフリーランスのSTを開始した。それまでは決まった勤務時間にST業に携わる月給取りであり，組織の一員として使われてきたが，その時から私は，勤務時間も休業日も自分で自由に決めることができるようになった。この時点でSTの訪問リハビリは，医療保険・介護保険とも算定外であり，利用者からは私が決めた指導料を，支払ってもらうことになった。こうして一人でやりくりしながら，自分がしっかりしなければいけない，という意識はおのずと高まっていく。あるSTから「一匹狼だね」と言われ，私はその言い方を善悪いずれに取るべきか，その時点では判断できなかった。実際のところ，訪問活動を展開していく上で，医師も含め他種職とのつながりについては，あまり必要性を考えていなかった。自身がしっかりやっていけば良い，とやや意固地な思いでいたのかも知れない。

　開始時の訪問対象者は，病院で診てきた失語症者4名。この時点では4名とも，介護サービスの利用はなかった。介護保険も始まったばかりであり，退院手続きに当たる病院のスタッフや当事者・家族にもケアマネジャーという職種は，まだ十分な認知度を得ていなかったからだろうか。私が4名の利用者宅に訪問したところでは，他のサービス提供者の話は一つも上がらなかった。私の収益は訪問での指導料と，月1度開催される市のリハビリ教室の報酬のみ。個人事業主として，収益を上げるためには宣伝が必要だった。〈失語症〉や〈言語聴覚士〉についての啓蒙活動，及び訪問リハビリや言語リハビリ教室における情報提供を，市町村へ"営業活動"として展開していった。山梨県内の役所保健課に理解を求めるため，いわゆる平成の大合併以前の64市町村の約半数にあたる30数ヵ所の役所を廻った。毎日動き回ることで，ある程度の充実感は得たものの，次第に"一匹狼"が板に付いてきた感じでもあった。

　訪問活動を開始してひと月ほど経った頃，"STの訪問活動"を県内の新聞やテレビで取り上げてくれた。特に県内での購買率が高い地方新聞においては，大きな紙面で〈失語症〉〈言語聴覚士〉〈訪問〉について宣伝してくれた。マスコミの効果はすぐに現れ，「新聞を

読んで」「テレビを見て」と新たな訪問希望者からの相談が数多く届いた。そのほとんどは家族が失語症で困っている――病院では十分に診てもらえなかった，早期に退院させられたなど，不満に対する相談窓口のような役割を果たすこととなった。相談者の多くから訪問をリクエストされ，急に忙しくなるのとともに，それまでの活動体制に変化が生じた。

　新規に訪問を始める利用者宅を訪ねると，生活支援のために様々な職種が出入りしていることを知った。ホームヘルパーや訪問看護師，訪問マッサージ師など事業所は様々であり，それぞれのサービスをコーディネートし，ケアプランを作成するのがケアマネジャーの役割であることも知った。病院では院内スタッフと担当患者の機能訓練に関する情報を適宜交わしてきたが，訪問リハビリにおいては，利用者の要望に合ったサービス提供のため，地域での関係機関との連携が不可欠であることを自覚していった。とりわけ「STです」と名乗ったところ，介護支援の場においての認知度は低く，初めてその職名を聞いたというホームヘルパーもいたぐらいである。まずは利用者・家族に対し，どのようなサービスを提供する者なのかを知ってもらう必要がある。更にチームを組んでの支援なので，私と利用者側との訪問リハビリに留まらず，他種職にも協力体制を広げる必要性があることも感じた。失語症者・構音障害者との意思伝達方法や，摂食・嚥下障害者への安全な食事摂取方法など，利用者の生活支援にプラスとなる情報を伝えていくように心掛けた。

　特に失語症については十分に理解されておらず，「筆談をすればいい」「五十音表を使う」と誤解されることも多い。サービス担当者会議で各担当者に説明をし，各事業所に対応の資料を送るのも良い。失語症状は皆それぞれ異なるので，接し方もまちまちであることを知ってもらい，対応方法を解りやすく具体的に伝えておきたい。上手に対応できず，不安な状態で接することがないようSTの方で配慮して，何でも気軽く聞けるような関係を築いていきたいものである。

　利用者の生活を支える在宅ケアチームのメンバーである，という思いが次第に高まるにつれ，開始後抱いていた"一匹狼"という意識は自然と消滅した。他種職と良い信頼関係を築き訪問リハビリを展開していくことで，在宅ST一人では十分に成しえなかった在宅

支援が充実し，利用者のより良い生活につながっていくことに気概を感じた。

どうやって地域連携を図っていくか

　言語聴覚士法第四章第四十三条に次のようにある。「言語聴覚士は，その業務を行うに当たっては，医師，歯科医師その他の医療関係者との緊密な連携を図り，適正な医療の確保に努めなければならない。（中略）3 言語聴覚士は，その業務を行うに当たっては，音声機能，言語機能又は聴覚に障害のある者の福祉に関する業務を行う者その他の関係者との連携を保たなければならない」。医療・福祉いずれにしても，連携を重視した条文である。病院ST・訪問STいずれにせよ，業務を展開していく上では，他種職との関わりをしっかり持ちなさい，ということであろう。

　訪問STは，ことばや食事に問題が生じた人の生活を支え，自立を支援していく仕事である。医師や歯科医師，その他の医療・福祉従事者と，それぞれ専門性は異なるものの，利用者がその人らしい生活を取り戻し，安心した生活を継続していく点で，連携していくことが望まれる。連携を図る上で，最もネックになるのは"STとは？"という認知度ではなかろうか。リハビリテーション科のある病院の診療スタッフであれば，ある程度STについて理解している。これが在宅支援サービスの場では，あまりというか，ほとんど知られていないようである。福祉系の学校出身者や，医療従事者（看護師など）でもリハビリ病棟での勤務経験のない人は，STや失語症について，ほとんど理解していないことが多い。このような状況の中で，関係者との連携を図る場合，訪問STが真っ先にしなければならないのは，ことばの障害を持った人たちをしっかり擁護していくことであろう。特に失語症については，様々な誤解が生じやすいので，きちんと押さえておくべきである。「話せないだけではない（聞く・読む・書くも障害），認知症ではない，ゆっくり対応する，子ども扱いをしない」等。その人の症状を踏まえた上で，失語を持った利用者が，他の人と同様に尊重されるように口添えしておくことが必要である。こういったことを通して，"STとは"を周囲に理解してもらえるようになる。

　在宅支援の他種職に訪問STの存在を知ってもらうのは，とても

意味深いことである。同じ利用者を担当した折に，専門的な視点での関わり方を説明していく。そして，他種職にコミュニケーション方法や食事摂取における注意点などを丁寧に伝え，協力体制を確立しながら，チームアプローチになくてはならない存在として認めてもらうのである。担当者会議が開かれる場合には滅多にないアピールの場と，できるだけ参加することが望ましい。積極的に取り組む姿勢を見せ，存在感を示したい。こうした持ち味を発揮していくことで，チームメンバーが同様のケースに当たった時，自然と声が掛かってくるものである。

医師との連携

　リハビリテーション科，脳神経外科，神経内科，耳鼻咽喉科などSTと近接した科に所属する医師においても，失語症などについて十分に了解しているかというと，決してそうではない。しかし，訪問リハビリを展開していくためには「計画的な医学的管理を行っている医師の指示に基づき——」と，算定における決まりがある。私は吉岡医院の吉岡先生が，在宅でのST展開の有用性を理解して下さっているため，医療保険・介護保険とも訪問リハビリの算定が可能となっている。私と同様に在宅訪問活動を希望するSTが，電話やメール，手紙などで相談を持ち掛けてくることがある。「どうすれば訪問STを始められるか」，という質問である。いろいろな地域でSTによる訪問リハビリが展開できれば，自宅で暮らす当事者・家族にとってとてもありがたいことである。連絡を寄こしてくれた彼ら，彼女らに対して，私はできるだけ具体的に，自らがこれまで進めてきた方法を伝えるようにしている。その後，その方たちがスムーズに始められたかどうか，心配しているところへ届く返信は，"理解ある医師"という条件に壁を感じているものばかりだった。

　言語リハビリに多少なりとも関わりを持つ医師の中には，STの訪問リハビリについて，十分な理解を寄せてくれない人も多い。病院で半年も機能的訓練を受けたのだから，これ以上の加療は無駄とみなされ，訪問リハビリの有用性を否定する医師がいる。その当事者や家族がこの状態で終了されては困ると願い出てもである。また別の話だが，発症5年経過の失語症者Tさんが，私の活動をテレビで見て希望してきた。まずは実費で訪問STを数ヶ月行なったとこ

●ネットワークを築く

ろ，コミュニケーション意欲及び機能面での改善がみられた。そこでケアマネジャーを通し，主治医に保険算定が可能になるよう，訪問リハビリの指示書を出してもらえるように願い出た。すると主治医からは，発症5年も経ち，リハビリをしていく意味はない，とはねつけられた。主治医はTさんの通う病院に勤めるリハビリ専門医という。その後，私の報告書も提出するなど何度か願い出てみたが，とうとう認めてもらえなかった。Tさんは仕方ないと，その後も自費負担で受けなければならなかった。

　では，訪問STに対する"理解ある医師"の壁は，どのように乗り越えていけば良いのだろう。上記のような医師に，わざわざ挑む必要はない。訪問STに対して味方になってくれそうなのは，私の経験からすれば，外来診療や在宅医療を中心とする家庭医である。言語リハビリや訪問STについての専門的知識は，決して十分でなくともいい。ことばや食事の問題を抱えた当事者の，生活支援を中心に連携したいという意図を伝えていく。そして個人技を披露するのではなく，一人の対象者にチームの一員として専門的に接していくことである。STとは在宅において，特殊技術を備えた職種であることをアピールし，実践を通して評価を上げるとともに，連携の一部に加えてもらうのが第一歩ではなかろうか。

　訪問STとして地域で展開していくのには，チームで役立つかどうか認めてもらうのに，地道な努力と多くの時間が必要である。医師をはじめ，他種職との連携を丁寧に，しかも積極的に図っていくことが大切であろう。

各職種との連携

介護支援専門員（ケアマネジャー）との連携

　ケアマネジャーは，略してケアマネと呼ばれ，居宅介護支援事業所や地域包括支援センター，介護予防支援事業所，介護老人保健施設などに所属し，介護保険において要支援・要介護と認定された人に対して，状況に合わせたアセスメントに基づいたプランニングを行なう職種であり，医療・保健・福祉などのコーディネーターの役割を持つ。

　STの介護保険での訪問リハビリが認められたのは，私が在宅STを始めて5年目の2006年だった。それまでも利用者の生活支援

チームの一員という意識で，情報交換などを適宜行なっていたが，ここで正式にケアマネジャー作成のケアプランに載ることになった。それ以来，介護保険を使う私の利用者には，必ず担当のケアマネジャーが付くので，その方と情報を交換しながら状況にかなった在宅支援サービスに携わるようにしている。ケアマネジャーの中には，利用者がその人らしい生活を送れるよう，積極的なサービス展開を進める人がいれば，営業利益のみに走った悪質なタイプもいる。"良いケアマネジャーに出会うことが上手に介護保険を使うための第一歩"と世相を風刺したことばも飛び交っている。また，いわゆる福祉系のケアマネジャーではリハビリスタッフ，とりわけSTについての知識は不十分であり，失語症・構音障害についてもあまり把握できていないことが多い。しかし，だからと言って無暗(むやみ)にその人を非難しているだけでは問題の解決とはならない。私はこうしたケアマネジャーが担当となったことを敢えて好機と，利用者の症状説明や生活上の問題点などを丁寧に知らせ，更に日常のコミュニケーション方法を伝えるようにしている。一度か二度説明を受けたくらいで，失語症を理解するのは難しい。それでも，ケアマネジャーは毎月ケアプランを利用者宅に持参する。その折，体調などを気遣い声を掛けるが，利用者の反応からことばが少しずつ改善傾向であることを自身汲み取ってもらえたらありがたい。3ヶ月，6ヶ月と，次第に意思疎通が可能になっていく利用者と接し，訪問STの存在，言語リハビリの有用性を認識してもらえるようになっていくのを期待したい。

　連携していく上で大事なポイントは，訪問STから積極的に言語リハビリプランについて提案していくことである。生活支援の中で，より良いコミュニケーションのための環境づくりの必要性を訴えていくこと。失語症や構音障害などSTが関わる介護者の担当となるのは初めて，というケアマネジャーが比較的多い。失語症者の場合，QOLの改善を図る上で，コミュニケーションに関する目標や注意点が多くなるのは，まず当然のこと。ケアマネジャーとの連携の中で，お互いこまめに連絡し合えるような柔軟な関係が築けるよう，ST側から進んで心掛けていきたい。話し合うだけでなく，生活支援に役立つ具体的な事柄を文書で提出することも有意義である。いつでも確認ができるような状態で，残しておいてもらえるよ

うにするのも大切である。ケアマネジャーには必要に応じてチームの他の専門職にも伝えてもらえるように，その人のために役立つ情報は共有してほしいことを明らかにしておくとよい。

　N市在宅介護支援センターのケアマネジャーUさんは，失語症の男性Wさんの担当だった。UさんはWさんの生活を援助していくのに，まずはコミュニケーションをきちんと取れる体制で臨もうと考えた。そこで訪問看護師，ホームヘルパー，通所の介護福祉士，市の保健師，ケアマネジャーUさんの五名が私の訪問リハビリ時にWさん宅に集合した。Uさんは元々病棟看護師として，数多くの失語症者の世話をしてきていた。その自身の経験から，初めて失語症者に接するサービス支援者はきっと不安であろうと考えた。"備えあれば憂いなし"，一度ST訓練場面を見学したい，という希望により，Wさんの承諾も得た上で実現できた。約40分の言語リハビリを行ない，集まった五名にWさんの失語症状の簡単な説明と，コミュニケーションの仕方を伝えていった。その後，五名より生活に即した質問や意見が数多く出た。「話す速度はどれくらいですか？」と聞かれたので，「短くゆっくりWさんの目を見て話して下さい」と答えた。また，Wさんが話す素振りをしたら"聴く態勢"で待つこと，イエス・ノーで答えられる質問をしながら伝わる喜びを実感してもらえるようにすること，などを知らせた。その場にWさん自身も同席していたので，Wさんに確認してみたり，思っていることも時間をかけて出してもらったりした。やがて五名が納得できたところで終了となった。その後，Wさんと五名はとても良い意思疎通が取れている。同時に，五名と私との関係も柔軟になっているので，質問や相談が気軽にできるようになっている。ケアマネジャーUさんの大変有意義で粋な計らいかと感じた。場合によってはケアマネジャーにSTからこのようなことを提案してみてもよいと思う。

訪問介護員（ホームヘルパー）との連携

　訪問介護員は，一般的には「ホームヘルパー」「ヘルパー」と呼ばれ，介護保険法に基づき，訪問介護を行なうために必要な資格である。都道府県知事の指定する訪問介護員養成研修課程の終了者に資格が与えられ，国家資格ではない。

　生活支援を行なうホームヘルパーは，食事や入浴，排泄等の身体介護や調理・洗濯・買い物等の家事援助サービスを行なうが，こと

ばの障害を持った人にとっては，生きたコミュニケーションを交わす重要な役割を担っている。上手にコミュニケートできていないと，本人から発信される意見や相談が伝わらず，生活不備をもたらすと同時に大きなストレスとなる。ホームヘルパーと訪問STは，本人に関する情報交換はもとより，リハビリ支援の一角を担ってもらえるような連携が求められてくる。

　77歳の男性Vさんは重度失語症で，病院で行なってきたSLTAなどでは有効な得点はほとんどなかった。ところが，私から本人に身の回りについてのことを具体的に短くゆっくりと尋ねると，大抵の事柄は理解できて，笑ったりうなずいたりやり取りを続けることができた。そんなVさんに介護サービスのことを聞いたところ苦々しい表情となり，あまり良い反応を示さなかった。そこでケアマネジャーを通してヘルパーに連絡を取り，Vさんのことを話すとすぐに事情が分かった。ヘルパー自身がVさんに対して苦手意識を持っていた。その主たる理由はVさんの失語症であり，どう対応していけば良いのか困り果て，最近ではまずいなあと思いつつも，Vさんとのコミュニケーションを避けるようにしてきたという。

　このホームヘルパーに対し，またVさんに対しても，私は訪問STとして申し訳ない思いで一杯だった。失語症者Vさんとのコミュニケーション方法を十分に伝えていなかったからだ。そこですぐにケアマネジャーに連絡をとってもらい"ゆっくり待つ""短く話し掛ける""目と表情を見て""イエス・ノーで答えられる質問で""身振りや文字を使って"と，接するマニュアルをそのヘルパーに渡すとともに，一つひとつ丁寧に説明しながら伝えた。その後，ヘルパーより「気持ちが楽になりました」と連絡をもらい，しばらくしてから訪問先でVさんに尋ねたところ，今度は良い返事が返ってきた。

築かれた連携の中で

　「山梨お口とコミュニケーションを考える会」の発足は，代表の古屋聡医師（現　牧丘病院院長）が塩山診療所に勤めていた2002年のことだった。食べること・会話を楽しむことを支える「口」に関わるケアを考えていこうと，様々な職種（医師・歯科医師・看護師・歯科衛生士・栄養士・ST・PT・OT・保健師・養護教諭・養護学校教

●ネットワークを築く

諭・ケアマネジャー・ホームヘルパー・音楽療法士・手話通訳者・医学生など）が専門分野を超えて集まり，それぞれに関心のある事項について自由に意見を交換し合おうとした研究会である。月の定例会の他，インターネットを介したメーリングリスト上で広範囲の方たちより，活発な意見交換がされている。更に在宅患者に対し，強力なチームワークも発揮する。

　2002年というと私が在宅STを開始した年であり，しばらくは不安な日々を過ごしていた。ちょうどその頃，古屋先生からの呼び掛けがあり，様々な職種が集まる中，私も加わらせてもらうことになった。定例会などで活動報告などを語り合う中，在宅STの認知度を上げながら，他種職との接点も探っていった。ST訓練のために私が訪問する当事者・家族は，コミュニケーションや食事の問題以外にも悩みを抱える人が多い。眼の問題，義歯の嚙み合わせ，腰痛，再発の心配など，本人・家族は健康不安に満ちている。病院勤務の場合，「○○科を受診して下さい」で済むかも知れない。在宅ではネットワークを生かし，健康上の問題や疾病に対し，総合的・継続的，かつ全人的に対応する地域の保健医療福祉機能を実現していくことが望ましい。ことばを良くしていくのも大切だが，安心な生活を取り戻していく援助──様々な職種と連携しながら役割を果たしていくことは，訪問STとしての立場をより有効なものとしてチームの中に築くことになる。

　90代女性Xさんの娘さんより「母の声が出ない」という訴えがあると，ケアマネジャーから連絡があった。そこで医師の処方を待って訪問リハビリに出掛けることとなった。多発性脳梗塞という診断のXさんは，再発を繰り返し，構音障害，摂食・嚥下障害とあり，胃瘻による栄養補給がされていた。しばらく前までは小声ながら発声があり，童謡を一緒に歌うこともできたという。その間再発はなかったが，徐々に声を出さなくなってしまった。これまでの医療的経過報告の情報は少なく，自宅で介護している娘さんの話が頼りだった。「声が出ない」というので，まずは発声発語器官の状態を見ようと口を開けてもらった。口腔内を観察するとひどく汚れていた。Xさんのように寝たきり状態で経口摂取が困難になると，唾液の分泌が減少し，口腔内の自浄作用の低下をきたす。口腔内に細菌が繁殖し，容易に細菌が気道へと吸引されやすくなり，危険な状態

になる可能性が高い。私はこの口の状態では，声を出す以前に口腔ケアを行なわねばと思った。医師とケアマネジャーに相談し，「お口とコミュニケーションを考える会」の定例会で知り合い，その後何度か摂食・嚥下患者の訪問に同席してもらった訪問歯科衛生士と連絡を取った。すると，すぐに訪問が可能となり，私の訓練前に口腔ケアをしてもらえることになった。

　歯科衛生士の訪問で口の中をすっきりしてもらった後，今度はどうかと発声を促してみた。私の指示に従い開口したＸさんだが，一日臥床しているため筋力低下は否めない。無力性嗄声というのか，力のない弱々しい声で聞き取れなかった。そこで今度は訪問ＰＴに来てもらったらどうかと医師等に相談した後，これまた「お口とコミュニケーションを考える会」での仲間の訪問ＰＴに相談，こちらも快く承諾してくれた。こうして歯科衛生士の訪問で口がきれいになり，その上でＰＴが緊張を落としながらＸさんに正しい姿勢を促した。するとどうだろう，Ｘさんの口から「ありがとうございます」と小声ながらはっきりした声が出た。一番先に依頼のあった私とすればＳＴとしての出番はなく，コーディネート役に回ったことで，Ｘさんと娘さんにすれば良い結果となった。

　病院患者の場合，医師を中心に治療方針が立てられ，医師の指示にて多くの職種が専門的に関わり，しっかりとした職種間連携が取れていなければならない。在宅においても同じことが言える。利用者にとって，訪問リハビリにおけるコミュニケーション能力の改善や，安全においしく食事を取るための援助はＳＴの専門性を生かす場ではある。だが，利用者側にするとそれはほんの一部であり，満足度が十分とはいえない。ＳＴの地域活動においては各職種間がお互いの役割情報を共有することで，いざという時そのカードを提示していける。独りではない，周りにはより良い生活援助につながる仲間がいるんだということを学んでいった。

　「山梨お口とコミュニケーションを考える会」に加わり，訪問ＳＴの役割を多種職の中で如何に果たしていくのか，見出していけたことで抱いていた不安感は消え去った。"仲間"を見つけたことで生きた活動を展開していくことができた。

● ネットワークを築く

連携のためのツール〜〈コミュニケーション評価〉

　在宅支援サービスを展開し連携をはかっていくのに当たり，リハ職と介護職との考え方のズレは悩むところである。お互いの溝を埋める手立てとして，連絡を密に取り合うことも大切だが，ST的視点を加えたチームアプローチが実現できたらと思う。ST的視点として，私は通常の報告書だけでなく，独自の〈コミュニケーション評価〉を提出している（図4，図5）。「理解度が単語で8割，短文では2割，呼称は3割，単語の復唱は5割——」標準的な失語症検査結果をもとにした利用者の言語評価は，在宅支援の場においてはあまり意味をなさない。それに比べ，私が使用している評価は，日常生活の中でどの程度のコミュニケーションが可能であり，どう接するのが良いかなど，生活をベースに考えられている。そもそもこの評価は機能的評価として新潟の高橋洋子先生が考案し，私が鶴岡にいた時に使用し，有用性を学会などで発表してきた。何度か発表をした後は，私の方でデイや通所，在宅などで看護師や介護員などにも解りやすいように改訂し使用している。特に重度の失語症者の理解に有効である。

　〈コミュニケーション評価〉の特徴として，①できるだけ自然な雰囲気でリラックスして行なう。②テストという状況を感じさせないように自然な場面で行なうようにする。③被験者の反応はメモをとり評価に役立てるようにする。採点に関しては，問題なく可能ならば○，手掛かりや繰り返しなどが必要ならば△，ほとんどできない場合は×と分ける。○よりも若干問題がある場合は○と△の間にチェック。同様に△よりも若干問題がある場合は△と×の間にチェック。こうして1つの項目を5段階評価していく。

　'精神的活動'として「コミュニケーション意欲」「イエス・ノー反応」「アイ・コンタクト」「状況判断・状況把握」「周囲への関心」という項目があり，'聴く''話す''読む''書く'と続き，'その他'として「日付，曜日，季節がわかる」「時間がわかる」「お金がわかる」というユニークな項目がある。例えば'聴く'評価において「日常会話が理解できる」課題で，「繰り返して半分くらい理解できる」△基準に妥当という当事者の場合，ゆっくりと短く理解できたかどうか確認しながら話していく，という必要性が浮かぶ。また'読む'課題の「身の回りの文字の理解」は○基準だが，「手紙や

● ネットワークを築く

コミュニケーション評価

年　　月　　日
氏名　　　　　　　殿　　　　　　　　　　　　　　評価者

		△ 基　準	○ 基　準	×	△	○
精神的活動	1. コミュニケーション意欲	積極性なく受身的	自らコミュニケーションを展開できる			
	2. イエス・ノー反応	イエス・ノーはあるが曖昧	イエス・ノーがはっきり区別できる			
	3. アイ・コンタクト	呼び掛けると相手を見るが持続しない	問題なくとれる			
	4. 状況判断，状況把握	誰か来たかわかるがそれ以上反応ない	素早く判断し行動できる			
	5. 周囲への関心	多少見回したりする程度	自分の環境も含め関心を示す			
聴く	6. 「名前は」「住所は」がわかる	繰り返しにて時に理解できる	一度で理解可能			
	7. 「窓の外を見て下さい」がわかる	繰り返しにて時に理解できる	一度で理解可能			
	8. 日常会話が理解できる	繰り返して半分くらい理解できる	ほとんど理解できる			
話す	9. 氏名が言える	手掛かりにて部分的に言える	普通に言える			
	10. 住所が言える	手掛かりにて部分的に言える	普通に言える			
	11. 名詞が言える	決まった単語がいくつか言える程度	数は少しでも的確に言える			
	12. 動詞が言える	言えるが不適当な使い方	数は少しでも的確に言える			
	13. 短文が話せる	戸惑い，誤りが多い	助詞も正確に伝達できる			
読む	14. 身の回りの文字の理解	決まった単語が読める程度	日常的に必要な単語がわかる			
	15. 手紙や「お知らせ」の理解	部分的に理解できる程度	短文が正確にわかる			
	16. 新聞記事の理解	大まかに何のニュースかわかる	内容を正確に理解できる			
書く	17. 氏名を書く	手掛かりにて部分的に書ける	普通に書ける			
	18. 住所を書く	手掛かりにて部分的に書ける	普通に書ける			
	19. 単語を書く	不正確であまり有用ではない	意思伝達の手段になる			
	20. 手紙を書く	不正確であまり有用ではない	意思伝達の手段になる			
	21. 絵や地図などを書く	不正確であまり有用ではない	ほぼ正確に書ける			
その他	22. 日付，曜日，季節がわかる	部分的に合っているが，不正確	ほぼ正確に分かる			
	23. 時間がわかる	生活に定着した時間は少しわかる	ほぼ正確にわかる			
	24. お金がわかる	金額の多少がわかる程度	ほぼ正確にわかる			

構音障害の評価

声　　　　質　　　粗ぞう性　　　気息性　　　無力性　　　努力性
声の高さ，大きさ　高すぎる　　低すぎる　　大きすぎる　　小さすぎる　　大きさの変動　　声の震え
話　す　速　さ　　かなり遅い　　少し遅い　　正常　　少し速い　　かなり速い
話　し　方　　　　吃症状　　抑揚に乏しい　　音/音節が不規則にくずれる
共　鳴／構　音　　開鼻声　　鼻漏れによる子音の歪み　　母音の誤り　　子音の誤り
最長発声持続時間　（　　　　）秒

会話明瞭度

1. 問題なく理解できる　2. 時々わからない　3. 半分くらいわかる　4. 時として部分的にわかる　5. 全くわからない

コミュニケーション方法

1. 通常のコミュニケーションが可能
2. 問い掛け話し掛けは簡単な表現で，返答はゆっくり待ってあげる
3. イエス・ノーで答えられる質問をして，うなずき首振り，ジェスチャー等の返答を待つ
4. 話し言葉がハッキリしないので筆談を使う
5. 表出能力がほとんどないので，表情などで意思を推測する

特記すべき事柄

図4　コミュニケーション評価

コミュニケーション評価マニュアル

1. 検査にあたって
   ① できるだけ自然な雰囲気で、リラックスしておこなう
   ② テストという状況を感じさせないように、自然な場面でおこなうようにする
   ③ 被験者の反応はメモをとり、評価に役立てるようにする

2. 評価について
   ① 失語症の評価
      ○：問題なく可能
      △：手掛かりや、繰り返しなどが必要
      ×：不可
      と分け、○よりも若干問題がある場合は→○と△の間にチェック
      同様に、△よりも若干問題がある場合は→△と×の間にチェック
      こうして、1つの項目を5段階で評価していく
   ② 構音障害の評価
      それぞれの項目で気づいた部分にチェックを入れる
      必要があれば、最長発声持続時間を計り記載する
   ③ 会話明瞭度
      1～5段階で発話の明瞭度を記入する
   ④ コミュニケーション方法
      問題点を把握した上で、最も適した方法を選択しておく
   ⑤ 特記すべき事柄
      上記以外で必要と思われる項目を記載しておく

〈失語症評価の得点基準〉

精神的活動
1. コミュニケーション意欲
   ×：全くコミュニケーション意欲がない。
   △：問いかけ、話しかけに応じようとするが、自ら話を展開していく様な積極性はない。
   ○：自らコミュニケーションを展開できる。

2. イエス・ノー反応
   ×：全く反応がない。
   △：曖昧な反応でイエスかノーなのかハッキリしない。
   ○：常にイエス・ノーがはっきり区別できる。

3. アイ・コンタクト
   ×：全く取れない。無関心、無表情。
   △：呼び掛けると相手を見るが、持続しない。
   ○：問題なくアイ・コンタクトがとれる。

4. 状況判断、状況把握　（STやその他介護者が現れた時などに）
   ×：全く反応がない。
   △：誰かが来たということはわかるが、それ以上の反応はない。
   ○：身支度するなど、素早く判断し行動ができる。

5. 周囲への関心
   ×：全く反応がない。
   △：多少は辺りを見回す程度で、他は無関心でボーっとした感じ。
   ○：自分の環境も含め、日常生活、世間のニュースにも関心を示す。

図5　コミュニケーション評価マニュアル

聴く
　6．「名前は」「住所は」がわかる
　　×：聞かれている質問の意味が全く理解できない。
　　△：何度か繰り返して，時に質問の意味が理解できる。
　　○：一度で十分理解可能。

　7．「窓の外を見て下さい」がわかる
　　※その他，「立って下さい」「手を見せて下さい」なども試してみる。
　　×：全く理解できない。
　　△：何度か繰り返して，時に質問の意味が理解できる。
　　○：一度で十分理解可能。

　8．日常会話が理解できる
　　※「車の運転ができますか」「銀行に勤めていましたか」などお喋りをする雰囲気で。
　　×：全く理解できない。
　　△：何度か繰り返して，半分くらい理解できる。
　　○：ほとんど理解できる。

話す
　9．氏名が言える
　　×：手掛かり（語頭音や口形，文字など）を与えても全く言えない。
　　△：手掛かりにて部分的に言える。
　　○：普通に言える。

　10．住所が言える
　　×：手掛かりを与えても全く言えない。
　　△：手掛かりにて部分的に言える。
　　○：普通に言える。

　11．名詞が言える
　　×：全く言えない。
　　△：決まった単語がいくつか言える程度。
　　○：単語数は少しでも的確に言える。

　12．動詞が言える
　　×：全く言えない。
　　△：言えるが不適当な使い方をする。（「行く」なのに「食べる」など）。
　　○：単語数は少しでも的確に言える。

　13．短文が話せる
　　×：全く言えない。
　　△：戸惑いや誤りが多く，意味があまり伝わらない。
　　○：助詞の誤りもなく正確に伝わる。

読む
　14．身の回りの文字の理解
　　×：全く読めない。
　　△：決まった単語が読める程度。
　　○：日常的に必要な単語がわかる。

　15．手紙や「お知らせ」の理解
　　×：全く読めない。
　　△：部分的に理解できる程度。
　　○：短文が正確にわかる。

● ネットワークを築く

16. 新聞記事の理解
    - ×：全く読めない。
    - △：大まかに何のニュースなのかわかる。
    - ○：内容を正確にわかる。

書く
17. 氏名を書く
    - ×：手掛かりを与えても全く書けない。
    - △：手掛かりにて部分的に書ける。
    - ○：普通に書ける。

18. 住所を書く
    - ×：手掛かりを与えても全く書けない。
    - △：手掛かりにて部分的に書ける。
    - ○：普通に書ける。

19. 単語を書く
    - ×：手掛かりを与えても全く書けない。
    - △：不正確であまり有用ではない。
    - ○：意思伝達の手段になる。

20. 手紙を書く
    - ×：全く書けない。
    - △：不正確であまり有用ではない。
    - ○：意思伝達の手段になる。

21. 絵や地図などを書く
    - ×：全く書けない。
    - △：不正確であまり有用ではない。
    - ○：ほぼ正確に書けて，意思伝達の手段になる。

その他
22. 日付，曜日，季節がわかる
    ※会話の中で聞いたり，部屋にあるカレンダーを使い「今日は」「病院に行く日は」などと聞いていく。
    - ×：全くわからない。
    - △：部分的に合っているところもあるが，不正確。
    - ○：ほぼ正確にわかる。

23. 時間がわかる
    ※会話の中で聞いたり，部屋にある時計を使い「起きるのは」「病院に行く時間は」などと聞いていく。
    - ×：全くわからない。
    - △：生活に定着した時間は少しわかる。
    - ○：ほぼ正確にわかる。

24. お金がわかる
    ※部屋にある品物の値段を聞く。実際のお金を見せて価値がわかるか。
    - ×：全くわからない。
    - △：金額の多少がわかる程度。
    - ○：ほぼ正確にわかる。

図5　コミュニケーション評価マニュアル（続き）

「お知らせ」の理解」では「部分的に理解できる程度」△基準だった場合，文字を提示する時は単語で示すのが有効であることが分かる。
　〈コミュニケーション評価〉は，ことばの障害を持った当事者の今の状況と，それに伴う意思伝達方法を示している。失語症は目に見えないので，在宅支援者にとって利用者がどの程度の言語能力なのか，十分に把握することはできない。サービスをする側も，される側にとっても大きなストレスである。当事者の失語がどのようなもので，理解度は？話せる？など，多少なりとも承知していれば接する手掛かりも探しやすい。また支援をする側も，失語症者にはどのような視点で接していけば良いのか，〈コミュニケーション評価〉の項目を頭に自然と学んでいける。こうした評価表を使用しながら，ST的視点を在宅支援サービス側に受け入れてもらうことで，ことばを失った当事者・家族にとっては安心した生活につながると思われる。

参考文献
南雲直二（大田仁史・監修）：リハビリテーション心理学入門――人間性の回復をめざして．荘道社，2012年．
吉良健司・編：はじめての訪問リハビリテーション．医学書院，2007年．
全国訪問リハビリテーション研究会・編：訪問リハビリテーション実践テキスト．青海社，2009年．
平澤哲哉：続 失語症者，言語聴覚士になる 失語症の在宅訪問ケア．雲母書房，2005年．

第4章

仲間づくりから広がる生活

かけがえのない「友の会」
～「独りではない」気持ちを育む

　山梨で私は，東山地区失語症友の会の事務局をしている。「友の会」は当事者たちが中心になって結成・運営されるのが本来だろうが，難しいこともあるため，きっかけはSTが作り，運営にも関わっているところは多い。東山地区失語症友の会も私が声をかけて作った。活動を立ち上げ，継続させていくのには，熱心な当事者・家族がいて，ボランティア的なSTが常に協力していかないと困難である。送迎の問題もあり，移動困難な人は参加しにくいという難点もある。地域に埋もれている失語症者を掘り起こすような組織としては十分とはいえないかも知れない。しかし私は当事者でもあるので，失語症友の会の存在，そのかけがえのなさは身にしみて分かっている。私が訪問リハビリに通っている人の多くが，月に1度の例会にも必ず参加していることからもそれは窺える。

　私は幸運な出会いからSTとなったが，失語症者であることは変わらず，その当時は「できない自分」を実感することが多く，日々の業務に押しつぶされそうだった。しかし，「患者さん」つまり私の"仲間"との時間が私を癒してくれた。彼らは私に，"独りではない"という何にも勝る勇気を与えてくれたのである。だがSTという立場であるがゆえ，その仲間意識は内に留めざるを得なかった。STであったからこそ彼らと出会えたわけだが，単に一人の仲間として出会えていたら，と今でも思わないでもない。

　退院した失語症者やその家族が，苦労や喜びを分かち合える仲間

と出会える場所を提供することもSTの大切な役割だと思う。一つでもそのような場所が増えることを期待して、自分の経験と「友の会」の活動をご紹介したい。

当事者として

「友の会」を知る

　1983年、大学3年のとき交通事故による脳外傷から失語症になった私のことを、家族はこの上なく気遣わしく感じていた。障害を受けた本人は失ったことばの対処法に精一杯であり、先を考えるゆとりなどない。失語症とは如何なる症状か──治るのか否か、治るとしたらいつ頃か、治らないならどんな人生を送ることになるのか。得体の知れぬ〈失語症〉に家族も頭を抱えていた。今ならネット上で〈失語症〉と検索すれば、有効な情報を様々知ることができ、参考文献を探すのも容易だが、1983年ではそうはいかない。兄が都内の書店で探して来た『失語症との闘い』──東京失語症友の会よりちょうどその年に出版された、失語症を病理学的に説明する専門書ではなく、当事者や家族の体験と会の活動記録──により、ことばを失うという衝撃的な異変は日常的にはどんな不利が生じ、如何なるプロセスを追うのか、大まかではあるがその正体に触れることができた。「失語症友の会」が日本で始まったのは1975年以降という。ちなみに、遠藤先生が作った東京の会は1980年に活動を起こし、友の会のはしりといえる。

　兄が読み、両親が読み、私にその本が回ってきたのは発症後半年ほど経過した頃だった。まだ小学校低学年の国語教科書を苦労して読んでいた頃であり、一般向きの書籍は容易ではなかった。時間はかかるが、読み進めるうちに関心が出てきた。失語症者の苦痛に連動した家族の支え、STの存在など興味深い内容であった。私は自らのことばの不自由さに共感を得ていった。その本を読み進めている最中、母から「友の会に参加して、遠藤先生に会ってきたら？」と勧められた。会は月に1回開催され、STの指導のもと、楽しく時間を過ごすという。読み終わる頃には他の失語症者がどのような生活を送っているのか、悩みや苦しみをどう克服してきたのか、知りたい思いが溢れていた。

東京失語症友の会に参加

　1984年5月，発症から8ヶ月後，小平市福祉会館で行なわれた東京失語症友の会の例会に初参加した。50～70代くらいの20名ほどの当事者，家族や学生などの見学者も多数いた。私も見学のつもりだったが，失語症者であることを名乗ると，当事者の席へどうぞと遠藤先生より勧められた。20代の失語症者は飛びぬけて若かったため，恥ずかしい思いだった。

　自己紹介で始まり，その後，ジェスチャーゲームを体験した。メンバーが一人ずつカードを引き，そこに書かれたお題を身振り手振りで演じ，他のメンバーから答えてもらう。私が引いたカードには「亀」とあった。戸惑いながら，如何にして亀を演じるかを考え，まずは床に這ってみた。すぐに会員より「かたつむり」「かえる」と声が挙がり，やがて「かめ」と答えてくれた。どうにか役目を果たし，安心しているところへ遠藤先生から「熱演でしたね」と声を掛けられた。演じる前も後もかなり緊張していたので，遠藤先生のこのタイミングでのひと言で，一気に気持ちがほぐれた。

　後半は，会員が2グループに分かれての座談会だった。私のグループに遠藤先生と学生が加わった。それぞれが体験や話題を持ち寄るフリーなトークタイム。「最近は気候が良いので，多摩川沿いを30分近く散歩しています」。「娘のところの孫が三つになって，私といい話し相手になっています」。失語症による不満もあろうが，工夫して楽しく生きている姿が各々の発表から窺われた。私にも順番が回ったので，失語症になってから現在までの経過，それに伴う心理的な苦しみなどを自分なりに語った。拙い話ではあったが，会員がウンウンとうなずきながら聞いてくれたのが印象的で，ありがたく感じた。遠藤先生や学生は座談会での発言を漏れなくノートに書き留めていて，それがまた私の心を打った。普段は失語症者であるがゆえ，無視されがちな私のことが，この場においては大切な扱いを受ける。いつもは緊張しながら，控え目に話さねばならぬストレスを抱えての発言なのが，ここは違っていた。ゆっくりとでも，言い誤っても，ここはそれが当たり前の場であり，居心地の良さを感じた。ことばが不自由ながら，前向きに生きているメンバーの姿は，勇気を与えてくれるようだった。隣に座った60代の男性は，横浜から来たという。「この会は1ヶ月にたった1回だけ。

● かけがえのない「友の会」

でもその1回が楽しみなんです」。しみじみ語る彼の表情からは，せめて月に2回，いや毎週でもいいのに，という期待度が窺われた。

若い失語症者のつどいに参加
　東京失語症友の会への参加はよい経験だった。しかし失語症は脳卒中に伴う場合が多いため，友の会の参加者も職場や教育現場などからほぼ退いている高年齢者がほとんどだ。そこは残念ながら，現役世代である私にとっては，心の痛みを十分に共感できる人と出会える場ではなかった。同年代の若者と巡り合う機会に恵まれなかったため，いつまで経っても独りで悩むしかなかった。「誰もわかってくれない」と，心の中に閉じ籠るしかなかった。
　やがてSTとして働くようになると，時々私の患者として若い失語症者と接することがあった。私としてはとても関心があったが，そこはSTと患者という間柄であり，「私も失語症者なんです」と打ち明けたところで，同病者の語らいとはなり難い。病院勤務をどうにかこなしながら，収入を得て自活するようにはなったものの，失語症が治ったわけではない。失われたことばに追い込まれるような日々を送らざるを得なかった。
　周りの人に支えられてコミュニケーションの力も徐々に向上し，STとしてのキャリアも積むことができた。次第に"失語症の私"に慣れてはいくものの，時として不具合を感じては，「いつまで経ってもだめ」と自己嫌悪に陥る。この思いを心から分かち合える人がいたら――でもそれは叶わぬ願いと，その日が来ることはほとんど期待していなかった。
　発症から19年経った2002年夏，在宅訪問を始めて数ヶ月後のことだった。「若い失語症者のつどい」のホームページをインターネット上で偶然見つけた。そして，胸躍る気持で9月に開催された「つどい」に初参加した。期待と緊張で会場に入ると，20～30代の30人ほどの当事者と，家族，ボランティアの学生と大賑わいだった。開始前に昼食の弁当を頬張りながら，会場のあちこちで当事者同士が談笑している。普段の高齢者が中心の失語症友の会や言語リハビリ教室とはかなり違った光景である。
　つどいは自己紹介で始まり，就労・教育・趣味などの近況を報告したり，ウケ狙いでギャグを連発したり，ことばが出せず司会者か

ら助け船を出してもらう人など，聞いていて少しも飽きさせない楽しい雰囲気である。そこには「（ことばは不自由だけれど）心が通じ合う仲間と楽しい時間を過ごしたい」という，純粋な共通な思いが込められているよう。二次会の座談会は日々の悩みや不満などをぶつけ合い，失語の辛さを互いに共感し合う語らいだった。私は参加しながら，この若者たちと同じ年齢の頃，教育や交友関係・就職・結婚など，失語を抱えながら生活上の様々な問題に直面して来たことを振り返った。

　一番苦しかったあの時分，このような会ができていたならどれくらい救われただろう。失語症者の心は，失語症者にしか分からない。そして年代が近いほど共感が強い。私は若い頃に失語症を経験していたため，彼ら彼女らの心を多少なりとも察することができる。会話中での振る舞いや，浮かべる表情，間などから，きっとこうなんだと，自身の経験とすり合わせてみる。同様の"癖"を持ち合わせた仲間同士であるがゆえ，交わりの中で安心感を得ることができる。

　この日は，それまで背負ってきた重たい気持ちを，だいぶ下ろすことができたようだった。そしてその後も時々，上京しては若い失語症者との交流に参加している。彼ら彼女らと共に過ごす時間は，私にとって心の休まる至福の空間である。若い失語症のメンバーは参加する私のことをSTとしてではなく，同病者として迎えてくれるのが何よりもありがたい。

地域の言語聴覚士として

「東山地区失語症友の会」を立ち上げる

　第2章で述べたように，鶴岡から移った山梨の病院は古いタイプの温泉地型のリハビリ病院だったため，地元の患者は少なく地域活動をなかなか展開できないでいた。それでも2年ほど勤務しているうちに，地元に住むことばに障害を持った何人かの担当となった。こうした言語リハビリを一定期間受けた地元の人には，できるだけ退院後も外来に通ってくることを勧め，首都圏などに帰って行く人には地域のリハビリ病院や友の会などを紹介していった。退院後，在宅での生活支援をSTとして如何に行なっていけるのか，悩む時

期であった。鶴岡での経験をこの地で同様に展開していけるのか，失語症友の会の立ち上げについて考え始めた。ちょうどその頃，退院後外来でSTに通って来ていた当事者・家族が数名いたので，「ことばの障害を持ちながらどのような生活を送っているのか」を尋ねてみた。

　「日常の大部分は家の中で過ごす」「外へ出るのは稀で病院と散歩くらい」という答えが返ってきた。更に「家では何をして過ごすのか」を問うと，「テレビを見る」「新聞にざっと目を通す」程度で，会話も家族とだけ，しかも必要最低限度という日々らしい。ここ（病院）に来る日以外は，いつも塞ぎ込んでいるような様子で，笑顔を見せるようなこともほとんどない，という家族の話である。失語症者のこうした状況について，私は当事者としてとても分かる思いだった。自由に思いを伝えることができず気詰まりな日々，しかも誰も分かってくれない。如何にしてこの状態から抜け出せるのか，半分以上諦め気分でいるのかも知れない。"孤独の殻"に閉じ籠っているに違いない。こうした外来に通う当事者は，ST主導で進められる時間の中で為されるがまま，大概受け身的である。

　この時点で県内に二つの失語症友の会が活動していたが，私の住まいからはやや離れた場所だった。そこで，私の地元である塩山を含む東山地域に友の会を作りたいと考えた。STだけで進めていくのではなく，医療系の他種職や地域社会との連携が取れるような体制を築き，参加する当事者・家族に「仲間がいる」「支援者がいる」という強い思い，活き活きとした時間を提供したいと考えた。

　1994年6月，私の考えを呼び掛け文として病院で担当した失語症者と家族宛に出した。すると4名の当事者とその家族が発足準備会に集まってくれた。失語症状や重症度，年齢，麻痺の程度など様々ながら，「ストレス生活から抜けたい」，「同病者と交流したい」，と友の会に対する前向きな考えは一致していた。そしてこの時の4家族の同意事項として，「まずは毎月集まろう」ということが決められた。

　私と4家族が語り，寄せ合った友の会への思いを発会の知らせに書き記し，協力してくれそうな個人や団体に発送した。私の勤務先のPTや看護助手が真っ先に手を挙げ，地元の保健所や市町村の保健師が数名賛同してくれた。また，近隣病院のSTは担当の在宅失

語症者を連れて参加してくれることになった。いきなり当事者が10名，家族と協力者を合わせてかなりの人数となり，翌7月，「東山地区失語症友の会」発会式と初の例会を開いた。

地域に友の会があること

発会に当たり，私から経緯とどのような会にしていきたいのか，呼び掛け文に記した同じ内容を再度説明した。

> 友の会は，言語障害者が主体的に活き活きと生活できるように，お互いの交流，社会への参加とアピールを目的にする。また，その目的を達成するために，次の運動ならびに事業をおこなう。
> ① 原則として月1度の友の会活動を開催
> ② 友の会会員相互の親睦と交流
> ③ 関連団体（全国，県内の失語症友の会）との交流・協力
> ④ 県民に対する言語障害者の理解と啓蒙

参加メンバー全員に自己紹介をしてもらい，緊張気味の雰囲気を和らげた。続けて総会として会長，副会長，事務局（兼会計），運営委員などの役員，並びに年次計画案，会費を含めての予算案などを議案として出し，その場で承認してもらった。この日はその後，PTの指導で軽体操を行ない，ゲームを楽しみ，歌をうたい終了となった。

会場は，病院の業務と切り離そうと，初回は市の公民館を借りた。当事者の中には車椅子使用者もいるので，会場の選択に当たっては様々気配りが必要である。協力者から無料で使用できる施設も紹介されたが，入口のスロープや段差，エレベーターや身障者用トイレがあるかどうか，しっかり確認しておかなければいけない。公共施設なので多分大丈夫だろうと気楽に考えていたところ，当日になって不具合に気づき，大失敗だったことがある。例会は毎月開催なので，会場手配に気を病むこともあり，仕方なく私が勤務している病院や他のSTの施設を借りることもあった。だがそれはそれで利点があった。地元の失語症者が入院していた場合，その方と家族に例会へ加わってもらう。グループ訓練の楽しさを体感してもらい，退院後の参加を勧めることもできる。友の会と病院とは明確に

一線を画すほうが望ましいと思うが，協力関係は歓迎である。こういう開催方法もオプションとしてもっていてもよいと思う。

　発会以来，東山地区失語症友の会の事務局は私が勤める病院のST室になっていた。2002年に病院を辞め，在宅STを開始する折に事務局を自宅に移した。友の会の活動はそれまでと同様と，病院の後任STに伝えたつもりだったが，更なる後任（新人）までには十分に引き継いでもらえず，退院する地元の失語症者の情報が届かなくなった。そこで新会員は，私の訪問対象者や言語リハビリ教室に参加している方たちが主となった。訪問では生活の場におけるコミュニケーション訓練が中心であり，それはそれで有効である。だがSTと本人・家族との関係は良好であっても，そこで関係は行き詰まってしまう。失語症者が活き活きと生活していくために必要なのは，同じ障害を持った仲間の存在ではなかろうか。辛い障害を負ったのは私だけではない，同じように苦しんでいる仲間がいる，という思いは塞がっていた気持ちをこの上なく楽にしてくれる。その昔，リハビリ病院でグループ訓練を行なっていたが，地域ケアにおいては失語症友の会でそれを担うことができる。「Yさんが先週O温泉に行って来たらしいですよ」「Zさんのお孫さんが大学に入学したそうです」。仲間づくりができた後は，訪問リハビリ時にそのメンバーの話題で話が弾むものである。

　リハビリ病院で言語訓練を受け，退院後は自宅に引き籠りになる人は依然として多い。それを避けるため，主に家族がケアマネジャーに相談し，デイサービスなどを利用する失語症者もいるが，長続きはしないようだ。同病者のいないグループの中では，コミュニケーション上の抑圧がストレスとなり，安心してそこにいられないからだろう。今，少しずつではあるが，ことばの障害を持った人たちだけで集まれるデイや通所サービスが介護保険下で出てきている。

　このような施設があちこちにあれば助かるが，現実的にはまだ厳しい。失語症の在宅ケアで大切なのは，「仲間づくり」である。毎日，毎週，毎月，年4回とか，たとえ頻度は少なくとも，同じ仲間がいるという気持ちは，生きていく上での大きな楽しみであり，励みとなろう。

　そのような友の会をどのようにして作っていくかが，STの工夫

> ### ことばの障害を持った人たちだけで集まれるデイや通所サービス
>
> 　1987年の9月，遠藤先生のところで1ヶ月間の研修を受け，土日は友の会や言語リハビリ教室に同行させてもらった。その集まる規模や重症度などはまちまちながら，先生の指導のもと笑顔いっぱいの会だった。会の終了後先生が「月に1回の会ですがとても喜んで集まってくれています。せめて週に1回，できれば毎日でも失語症同士が集まれる場があるといいんですが」と話されたのを印象的に覚えている。
>
> 　2000年4月から介護保険が施行されると遠藤先生は，これがチャンスと早速失語症デイを作ろうと奔走。日本初の失語症者専用の通所施設「永弘クリニック・デイケア」(埼玉県新座市) が始まり，山形市の「言葉の翼」，埼玉県坂戸市「はばたき」，大阪府堺市「ことばの泉」，盛岡市「言葉のかけ橋」，沖縄県南風原町「くばの葉」，新潟市「あおぞら」など，各地で1日定員が10名程度の失語症デイサービス（小規模通所施設）が開設されていった。一般のデイサービスに失語症者が参加した場合，会話を楽しむことができず，介護職員の配慮も十分でないため居心地が悪い。一度行ったきり辞めてしまうという話をよく聞く。失語症者だけが集まるデイではお互いの仲間意識が強く，グループワークにおいては笑いが絶えない。当然コミュニケーション意欲は高まり，ことばの改善が図られていく。失語症の長期継続ケアに最適な活動と考えられる。

のしどころである。

友の会の言語聴覚士として

楽しい時間をコーディネート

　私はSTとして長年失語症友の会の活動を展開してきた。そして今，この集団活動の意義はどこにあるのかを改めて考えた時，グループ・ワークを受ける側，つまりは当事者の立場で検討してみることが最も重要だと思う。私は幸か不幸か，自身が当事者として参加した経験を持つ。東京失語症友の会でのことはすでに記したが，振り返ると遠藤先生の指導法には大きなヒントがいくつも隠されて

予想外の嬉しい展開

　ある町の失語症友の会に行った時のこと。車椅子に乗った失語症者が4名，60代後半から70代後半の全員男性だった。中でもAさんの失語は重く，常に下向き加減で表情も冴えなかった。グループ訓練が始まり，みんなが歌をうたっても関心を示さず目を閉じていた。それでも私の呼び掛けやメンバーの笑い声に顔は次第に上がるようになった。「おおAさん，やっと目が覚めましたね」。私のことばにメンバーが「アハハ」と笑い，するとAさんはその人たちに初めて視線を移した。「Aさん，このボールを隣のBさんに渡して下さい」とAさんの左手を開き，ボールを持たせると左側のBさんに渡すように手を誘導させた。「うまい，上手にできましたよ」。私が大声と拍手で喜ぶと他の人からも「わー」と歓声と笑顔がこぼれた。それを何度か繰り返し「できました」と拍手をするたびに，みんなの笑顔が増えていき，Aさんも笑うみんなの様子を更に目で追っていた。言葉通り「できた」かどうかが問題ではない。STの誘導でもAさんが参加してくれたことをみんなが喜んでいるのである。Aさんもそれを少しずつ感じたに違いない。次に「みんなで『おーい』と呼んでみましょう」と私の号令に3名が「おーい」と続いた。Aさんは顔を上げていたが声を出そうとはしなかった。私はAさんの正面で中腰になると，「お」の口を作り，「おーい」「おーい」と繰り返し言って見せた。他のメンバーが真似て「おーい，おーい」と連呼する。「おーい，おーい」の合唱が生まれた。すると驚くかなれ，今まで口を動かさなかったAさんが，周りを見ながら「おー」の口形を作れるようになった。そして微かな声で「おーい」と発声した。「Aさん，凄いですねぇ，とてもいい声が出ていましたよ」。顔を見ながら言うと，Aさんは初めて笑顔になった。正直，Aさんの発声も笑顔もその時には期待していなかった私にとって，とても衝撃的なグループ訓練だった。

　Aさんが笑った本心は分からないが，自分と同様の仲間がいて，自分のことを思ってくれているということが，Aさんに伝わったのではないか。人のコミュニケーションはことばではなく，心の通じ合いであること。ことばを良くしても，話す仲間がいないのは悲しいこと。逆にことばは不自由でも解ってくれる仲間がいれば，楽しい時間を作ることができる。何のための友の会なのか——それをST自身がきちっと持っていないとグループで

> の言語訓練も"絵に描いた餅"ということである。

　いた。ことばがうまく使えず引っ込み思案になっている方たち同士が，会話ゲームを展開していく。「今日は旅行先からのお土産を相手に渡してみましょう」。先生はいきなりこうした問題を課していく。私には無理と拒む人はなく，みんなそれなりに何とかこなしていく。遠藤先生はそれを見ながら一つひとつコメントしていく。うまくことばが出せなかった人には「素晴らしい笑顔でしたね。旅行が楽しかったのが凄くよくわかりました。ありがとうございます」と失敗感を味わわせないようにフォローしていく。だから誰も拒まない。失語症者にとってはやや大胆な課題なのかも知れないが，細心の気配りによって，バランスの取れた楽しい時間が生まれる。

　私はこれまで，数え切れないほどたくさんのグループ訓練も担当してきた。初めの頃は失語症者を相手に，私一人でまとめようと必死だった。頭に描いたシナリオ通りに，「きれいにまとめよう」と意気込んでいたものである。失語症者たちはそんな私の気負いを察し，STの意図に従うよう協力してくれた。一見うまくまとまっているように感じられたが，そうではない。押し付けられた堅苦しい課題進行であり，本当の面白味という点に欠けていた。「友の会」もそこは十分注意すべきだろう。グループ訓練ではカードなどを使って訓練するより，本人が持っている様々な経験や思い出を引き出しながら進めていく。そもそも友の会は訓練目的ではないので，実施計画は必要だがSTの意図通りに進める必然性はない。STはつい"指導"してしまいがちだ。気負わず，参加者と共に楽しめることが大切だと思う。共に楽しもうという雰囲気に満たされると，何をしても笑いにつながる一種異様な空間となる。楽しい会にしたい，その思いは失語症者たちが一番望んでいることであり，それぞれの独創的な発想もそこから生まれてくるに違いない。グループの本当の面白さは，シナリオのない予想外の展開ではなかろうか。

　何度でも繰り返すが，失語症者にとって友の会をはじめグループのかけがえのなさは，「仲間がいる安心感」である。私自身，発症か

● かけがえのない「友の会」

ら長い時間がたち失語症の自分に慣れてSTとして生活を営んでいたが，それでも「若い失語症者のつどい」に初参加した時に，その思いを強烈に感じた。STはそのために，一人ひとりが安心していられる場所となっているかに気を配る必要がある。

企画・運営のポイント

年次計画を立てる
　東山(とうざん)地区失語症友の会は4月の総会で，年間行事と役員，予算を決める。総会資料は前年の活動を参考に案を作り，会員みんなで討議していく。年会費は発会当時から2,000円。使途は毎月の「友の会通信」の郵送代と，有料施設の使用料，及び雑費である。毎月の例会参加費は原則かからないが，外へ遠征しての例会（旅行・食事会・クリスマス会など）の場合は，その都度個人負担をお願いしている。年に一度，会主催のイベント（研修会・講演会など）を行なっているが，それに関しては年度初めに県や市に申請書を提出し，講師謝礼・会場費・通信費・雑費などを含めた助成金を願い出ている。助成金を得る情報は，「口コミ」で知ることが多いが，都道府県や市町村，社会福祉協議会やボランティアセンターに相談したり，広報紙や掲示板に掲載される情報を集める必要がある。近隣のボランティア団体に問い合わせてもよい。助成団体は市民に有効と思われる事業に対して，積極的に助成を行なってくれるものである。

　今から10年前の2003年頃は会員の平均年齢が67.7歳と比較的若く，活力あふれる方が多かった。年間計画を立てる時には野外活動や旅行など，積極的な意見が多く出された。会員の中には車椅子の方や，80代後半の方もいたので，その方々にも意見を求めて決めていくが，ほとんどの場合「みんなが行くなら」と同調したものだった。私たち事務局としては希望を率直に述べてくれるのは嬉しいもの。ただ，会場や行き先は車椅子などの利用に支障があってはいけないので，その点は事務局が責任を持たなければならない。

　その頃のことで，清里高原の新緑を見たいと会員15名ほどで，ペンションに一泊したことがあった。私がネットで手頃なペンションを調べ，電話で入口や館内に段差なくバリアフリー対応かを問い合わせた。すると全て完備できているというペンションが見つか

り，そこに宿泊することになった。旅行の当日，そのペンションに着くや否や，全くのデマであることが判明した。この時の反省として必ず下見をすること。今は煩雑な情報収集や手配を引き受け，円滑な旅を提供する旅行会社も増えているという。遠方の場合は相談しながら進めていくのも良いだろう。

ボランティアの参加

　友の会活動の運営に欠くことのできないのは，ボランティアの参加である。ST・看護師・介護福祉士やその学生，理解ある一般市民が加わることで，失語症者は心地よい気分でコミュニケーション意欲が高まる。こうした会話ボランティアの方たちには，今後も引き続き参加協力してもらえるよう，「来てもらってとても助かった」というお礼を，例会の終わりにしっかり伝えておきたいものだ。また来てもらいたいし，他の人にも宣伝してもらえたらありがたい。家族としては，ボランティアが自分の失語症家族と会話をしているのを観察する機会となり，それは上手・下手どちらにせよ，自らのコミュニケーション方法における良いヒントともなる。

　ボランティアにとって〈失語症〉は，初めのうちは接し方を知らないため怖い存在である。STが簡単な接し方を伝え，あとは"習うより慣れろ"，実際にコミュニケーションを取ってもらうのが良い。大概は失語症者の方で上手に合わせてくれる。

個々への注目

　また友の会では，全体の流れを把握しながら個々人に注目していくことが大切だ。失語症グループでは，最重度の人に合わせるのが基本である。その人が喜んでいるならそのグループ・ワークは成功といって良いだろう。失語症のメンバー達も，実はその人のことをいつも気にしている。自身のこともだが，"みんなが"という仲間意識の高いのが失語症者の特徴とも言える。だから誰かへのSTからの"ひと言"も，言われた人はそこにいるみんなから認められ励まされたのと同じように受け止め，みんなはその人と同じように喜びを感じるといってもよいのではないか。実際，友の会で私が誰かに声を掛けると，みんながその人のほうを向いて「そうそう」というようにうなずいたり，笑顔を向けたりする。友の会でのSTの"ひ

と言"は，みんなの気持ちを代弁するようなものであると良い。

例会
　例会は自己紹介で始まるが，いつものメンバーだけなら後半の近況報告の際でもよいだろう。初参加，もしくは久しぶりに顔を出した当事者やボランティアがいた場合，どこの誰なのかを明らかにしておいた方がいい。その場に一緒にいるメンバーの中に，身元が明らかにされていない者がいると，何となく不安なものである。「○市に住む□□と妻です」「◇市の介護職員をしている▽▽です」と，ここでは簡単にどこの誰かを明らかにしておくくらいでもいいだろう。
　友の会メンバーは，年齢や症状が似かよった気の合う同士でまとまる傾向がある。初参加の方は，おのずと孤立しがちになる。恐らくは期待と不安が入り交じった思いで，仲間づくりを求めてきたはず。そのこころざしを台無しにするような，期待はずれな印象を与えてはならない。「今日は新しい方が参加します」。会の初めにきちんと紹介するのは当然であり，「Ｃさんと同じ△△町ですよ。Ｃさんご存知ですか？」と，会員に親近感を持たせるような話題を持ちかけていく。それでもいきなり馴染むのは難しいので，ＳＴは気配りしながらその人が「参加してよかった，また来よう」と感じてもらえるようにしていきたい。
　季節の歌をうたい，リラックス体操をしていく。体操はＰＴやＯＴが参加の時はお願いすると良い。彼らにすれば専門分野の役割なので自信を持って指導できる。受ける側も安心して取り組めるものである。司会進行は会所属のＳＴが良い。失語症者は落ち着いた雰囲気で，穏やかにプログラムが進むことを好んでいる。
　当事者の中には自己紹介や近況報告を伝える折，ことばが思い浮かばず焦りながら支離滅裂になる人もいる。それは決して珍しいことではないので，ＳＴはのんびり構え，本人にはあまり失敗感を味わわさないこと。その渋滞からなかなか抜け出せそうにない時は，助け船をタイミングよく出せるように心掛ける。
　毎回夫婦で楽しく参加していたＤさんの奥さんが，あいにく用事で出られないことがあった。感覚性失語のＤさんは簡単な会話は可能だが，喚語困難にてちぐはぐな意思疎通となることがしばしば。

いつもは奥さんに助けてもらいながらの近況報告だが，この日はDさん単独での挑戦だった。意味不明な話しっぷりに，初めのうちはじっと聞いていた会員も，次第に飽きてきてしまった。そこでDさんの話を私が引き受けて，問い掛けながら進めていった。「Dさんそこは塩山ですか？それとも山梨市？」，「あ，山梨，山梨市」。「病気と関係していますか」，「うんそうね，関係あるね」。「吉岡医院のことですか？」，「そうそう，吉岡医院」。こうした問答を続けていきながら，Dさんは吉岡医院に受診して血圧が安定し，調子がいいと言われたことを伝えたかったことが分かった。Dさんが伝えようとしている思いは最大限尊重しながら，会全体の空気を読み，お互いが不快感を待たぬよう取りまとめていくことがまとめ役として大切である。ことを平穏に収めるのにはこうしたSTの細かな気遣いが大事になってくる。

　その後STは当事者の失語症状や興味関心に合わせ，楽しく過ごせるゲームを展開していきたい。参加者全員が楽しむためには，失語症が最も重度の人に合わせたい。そこで考えてもらいたい。失語グループだからと言語訓練的課題を提供していこうとする発想は如何なものか。苦手な部分で楽しもうという考えは当事者，特にことばのことでストレスを感じている人にとっては，あまり受け入れられない。ある程度できる人とうまくできない人が出て，優越感と劣等感が生じる。"失語症グループ"という仲間意識を高めるのには重い失語症の人に合わせ，なおかつみんなが楽しめる課題を考えていく。地図や時刻表を使ってグループごとに旅行計画を立てる，グループみんなの仕草でスポーツや仕事を表すジェスチャーゲームなど，そのメンバーに合った工夫したゲームが望ましい。難しくストレスを覚えるような言語訓練的なものや，逆に子どもじみたものは避けるべきである。

　ゲームの後はお茶飲みをしながらの座談会である。最近の様子を当事者・家族がざっくばらんに話していけるように，適宜つっこんで尋ねるなど，話題を楽しく膨らませたい。保健師，看護師，PT，OTなど他種職も参加していれば会話に加わり，健康やリハビリについてなど，和やかな雰囲気の中で専門職からアドバイスを得られるのも大きな利点である。一つの話題から生じたアドバイスを，参加したみんなで共有することができる。みんなで考えることもでき

● かけがえのない「友の会」

楽しい失語症友の会ゲーム

　失語症のグループ訓練や友の会でのゲームは，メンバーの失語症状（タイプや重症度），年齢や興味関心などを十分加味した上で考えていく必要がある。楽しい雰囲気をつくっていくには，こうした個々の嗜好に合わせ，集団全体を把握していきたい。楽しい雰囲気さえ醸し出せれば，さほど凝ったものを準備する必要はない。失語症のグループだからと，言語訓練的なことを取り上げるのは避けるべきである。メンバーを見回し，ハンデを負うような人がいないかどうか注意しなければいけない。会話ボランティアとペアを組む場合は，支援する側の力量である程度のハンデを解消することができよう。楽しい時間を過ごすのには，やはりこの方法が適している。

　友の会のゲームの中で最も盛り上がるのは，メンバーを主役とした"人生3択クイズ"である。同じ友の会に長年在籍していても，メンバー同士で昔話をじっくり語り合うようなことは意外とないもの。どのような家に生まれ，若い時分はどんな青年だったのか。奥さんとはどんななり染めであったのか。将来の夢は何だったのかなど，長年苦労して生きてきた事柄をクイズ形式に紹介していく。プライベートな情報をどの辺まで明らかにできるか，本人の承諾は当然必要だが，大抵の人は失敗談も含め，喜んで協力してくれる。

　74歳のEさんについてのクイズを作ろうと，自宅に聞き取り調査に出掛けた。本人と奥さんにこれまでの人生の思い出を，質問しては答えてもらう。昔のアルバムがあればそれを拝見しながら話は余計に広がる。普段のEさんからは想像できないようなエピソードがいくつも見つかり，問題は10問になった。友の会の例会で私が司会をして1問ずつ問題を出していく。ペアになっている会員とボランティアが考え，あらかじめ配っておいた数字の札（①②③）を一斉に上げてもらう。そして正解はEさんに答えてもらい，奥さんからは詳しくエピソードなどを交えて話してもらう。仲間の知らなかった意外な点に，みんな驚いたり笑ったり，感心したりと場は大変盛り上がっていく。

　ことばがうまく話せなくなり，自分のことを伝えられなかった失語症者にとって，この"人生3択クイズ"は聞く側も，楽しく興味を持って過ごすことができる。ことばを失った人たちの心をつなぐのに，大変効果的である。

> Eさんの人生3択クイズ
> 1. Eさんの出身地は？　①甲府　　②横浜　　③満州
> 2. Eさんの生家は？　①質屋　　②魚屋　　③農家
> 3. Eさんが学生時代にしていたスポーツは？
> 　　①野球　　②柔道　　③水泳
> 4. Eさんが最初に勤めた仕事は？
> 　　①ラーメン屋　　②郵便局員　　③大工
> 5. Eさんと奥さんとの結婚は？
> 　　①お見合い　　②同じ職場だった　　③幼なじみ
> 6. 新婚旅行はどこに行った？　①熱海　　②石和　　③宮崎
> 7. Eさんの趣味は？　①書道　　②釣り　　③麻雀
> 8. Eさんの好きな俳優は？
> 　　①高倉健　　②渥美清　　③石原裕次郎
> 9. Eさんの好物は？　①餃子　　②シューマイ　　③春巻
> 10. Eさんの血液型は？　①A型　　②B型　　③O型

る。最後に歌をうたい終了となる。

　時間は前半後半に分け，途中でトイレ休憩を取って2時間くらいが良い。ボランティアとしての他種職は，協力者としてとてもありがたい存在であり，失語症者がどのように日常生活を送っているのか，またコミュニケーションをどう取っているのか，理解してもらうのに良い機会でもある。友の会活動に協力参加してくれる若いSTは，自らが働く施設とは異なる解放感の中で，"失語症者"ならぬ"ことばは不自由だが自由な発想をする愉快な人"と，全く違った感覚を抱くに違いない。

会の変化

　東山地区失語症友の会は，会員数の増減を繰り返しながら2014年7月には満20年を迎える。この間，メンバーの年齢層，嗜好や障害レベルなどによって，何度となく雰囲気も変わってきている。自宅で暮らす失語症者の良き受け皿として，私たち事務局は会員の

ニーズに応えていかなければならない。

　発会当時は平均年齢が割と若く，車椅子の人もいたが活動性の高い当事者とお供する家族も多かった。例会は屋内だけでなく，野外での活動も多く，釣りやバーベキューなどアウトドア系の集まりが頻繁で，一泊旅行にも出かけた。山梨は公共交通機関が未発達なため，移動能力として自家用車は必須である。会員は男性が多いが同伴する奥さんが免許を持っているので，友の会への往復や野外への遠出も大抵は可能だ。車を持たない一人暮らしの会員の場合，その家に近い会員に送迎をお願いすることもある。

　2003年度と2012年度の当会の活動内容を次ページに示す。今から10年前の2003年は当事者の平均年齢67.7歳。車椅子利用者は2名だった。まだ全体的に年齢が比較的若く，好奇心旺盛な方も多くいたので，県外での‘つどい’参加なども入れ込み，発会当時と同様積極的な活動ぶりだった。家族も含め15名程度のこぢんまりとした会だったので，毎月の友の会開催でも事務局が混乱するようなことはさほどなかった。これが大所帯の会になると，準備段階からかなり大変であろう。ボランティアの人員の確保と役割分担，例会の日に向け何度も打ち合わせをしなければならない。事務局の運営が専属にあるような会でないと厳しいかも知れない。

　2012年となると活動はかなり消極的だ。2003年のメンバーは3名しかいない。当事者の平均年齢は77.6歳，車椅子使用者は5名。同伴の奥さんも高齢者が多く，友の会に参加するのが精一杯で，野外へ出かけるのは容易ではない会員が多くなった。また，暑さ寒さが厳しい盆地型気候なので，7月・8月と1月・2月は体調管理及び熱中症・インフルエンザなどの危険因子を避けるため例会は中止した。県外への遠征（「失語症者のつどい」）も予定したが，同様な理由で会員には希望者がなく，事務局のみの参加であった。

　当初は60代が中心だった会員が，いつの間にか70代，そして80代と高齢化していく。再発もなく元気に過ごしてきた会員も多いが，半数以上は亡くなられた。発会当時の会員はもう一人もいない。自然の摂理というものか。毎年新会員は数名加わるものの，逆に参加できなくなる人もいる。参加できなくなっても，私が訪問している方であればそれぞれの近況など伝えて気持ちをつなぐこともできる。平均年齢が70代後半となり，それまでは達者に歩いてい

```
            2003年度　活動報告
   4月　花見（一宮町）
   5月　埼玉大会参加（秩父）
   5月　焼き物への絵付け（三富村徳和）
   6月　乙女高原，散策
   8月　納涼会（塩山，青橋）
   9月　月例会（塩山西公民館）
  10月　一泊旅行（山中湖）
  11月　県「つどい」参加（塩山市民文化会館）
  12月　クリスマス会（塩山西公民館）
   1月　新年会（和菜屋　宴）
   2月　月例会（一宮ふれあい文化館）
   3月　お花見（一宮中学校，ふれあい文化館）
```

```
            2012年度　活動報告
   4月　総会（一宮ふれあい文化館）
   5月　月例会（街の駅やまなし）
   6月　月例会（一宮ふれあい文化館）
   9月　月例会（街の駅やまなし）
  10月　失語症者のつどいイン首都圏（府中市）
  11月　月例会（街の駅やまなし）
  12月　クリスマス会（一宮ふれあい文化館）
   3月　当会主催研修会（街の駅やまなし）
```

た当事者，また家族も歩行能力が衰え，野外での活動は好まなくなった。だが屋内で毎月行う例会にはなるべく出ようと，欠席者は少ない。出席したい理由はひとつ"仲間に会いたい"である。

若い人たちの会の場合

　私たちの会よりも遥かに若い年齢層で構成されている「若い失語症者のつどい」の場合はどうだろう。東京の「若い失語症者のつどい」は1999年12月に発足し，隔月で開催される'つどい'は既に80回を超えている。主役は若い失語症ではあるが，ボランティア的なSTの援助があっての活動である。特に発会以来十数年，継続しサポートしてきたSTの相馬肖美（あゆみ）先生には頭が下がる。年配者が

●かけがえのない「友の会」

中心の会とは違い，若いメンバーが集うのに当たり，どのようなことを留意して会を運営すると良いのか，相馬先生より教示いただいたので紹介する。

初参加の方には
特に共通点のある方を紹介する。年齢や家庭の状況（独身，既婚，子供の有無），復職希望者など，同じような境遇の者同士が傍にいることで安心してもらう。会に参加しようという当事者は，"自分と同じような仲間の存在"を求めてくることが多い。ただ，初回時は慣れないため緊張が強く，場に慣れるのに精一杯だろう。STの方でまずは気の合いそうなメンバーにつけるような配慮をする。

男女間の問題について
若い男女の集まりなので，カップル誕生という良い話も時々ある半面，トラブルも多い。仲間ができた上に異性だと余計につい嬉しくなって，過度のスキンシップになってしまう方もたまにいる。そうした時は，さり気なく誰か他のメンバーを間に入れるなど気をつける。東京の「若い失語症者のつどい」においても平均年齢が上がり最近は40歳を超えるメンバーが多くなってきたことから，以前あったようなボランティアの学生や若い女性の当事者が，嫌な思いをすることはなくなった。

ボランティアには
ボランティアへの注意点としては，障害に関係なく，ごく普通にその年齢の男性・女性と考えて接するように伝える。障害がある方なのでと，変に気を回して誤解を与えたり，逆に人に対する当たり前の敬意を欠くような軽率な行動はしないようにお願いする。

タイムキープ
海外旅行団や温泉旅行団などに参加していて，年配の当事者は非常に時間に正確なので，心配することはほとんどない。これが20代など若い人の場合，時間にルーズな人が多い。集合や会の進行時のタイムキープについては，STの方で適宜伝えていくことが大切である。

その他
会議等でまとめ役のSTは，発言のまとめや説明をする程度で，あまり発言をすることはない。自発語の少ない重度の方の場合は，本人たちの思いを確認しながら発言するようにする。

仲間がいるという勇気

　友の会では失語症者も家族も，個人訓練の時とはかなり違う感覚を抱いているに違いない。「もっと話せるように」「上手に伝えられるように」と家では自己に対する願望が中心だが，仲間と交わる機会では異なる。「楽しく過ごしているのかな？」「少し痩せたようだな」と仲間への気遣いや関心が生じる。例会に欠席した人がいれば「どうしたのかな」「風邪でも引いたのかな」と自然と気になるもの。気に掛けてくれる人がいるからこそ足が向く。引き籠っていた人も受け入れてくれる仲間の存在が，外へと向かわせてくれる。Ｆさんの例を紹介しよう。

　訪問ＳＴの存在を知った奥さんから直接連絡があり，72歳のＦさんを訪ねたのは2003年11月末だった。Ｆさんはその4年前に脳梗塞で倒れ，右片麻痺・失語症にてリハビリ病院に入院した。ＰＴ・ＯＴにおいては効果が出てきていたが，ＳＴからは十分な訓練が受けられず，しかも有効な家族指導がないまま，切り捨てられるように退院させられたという。その後，他施設でＳＴにかかる機会はなかった。

　「聞いたり読んだり理解力に問題があり，話したり書いたりは余計に難しい」という奥さん。病院で担当したＳＴからもそう言われたという。日常的な意思疎通が十分に取れないことから自尊心も低下してしまったのだろう，うつ状態に陥ってしまったという。

　そこで私はＦさんにお断りし，スクリーニング的な検査をさせてもらった。するとどうだろう。「ほとんどダメ」という奥さんと病院のＳＴの見解は外れていた。感覚性失語により聴覚的理解は低下していたものの，待つ時間を長めに設け，一度で理解できない時は繰り返し指示を与えたところ，ほとんどの課題で誤りはなかった。また，部屋にある絵画や写真などを指さしながら「これはＦさんが描いたのですか」「お祭りの写真ですね」と，具体的にゆっくり尋ねていくと，これも十分に理解可能だった。「とてもいいじゃないですか」という私の評価に奥さんは驚き，Ｆさんにもその意味が通じたようで，初めて笑顔を見せた。ことばが「できない」4年間であり，閉ざされた生活，外出を控え，仲間から離れ，失語症を恨むように生きてきた。それが初対面のＳＴに「とてもいい」と評価されたの

である。

　得体の知れぬ〈失語症〉になったことで，夫婦共々ことばが通じないことを恥と思い，ひっそりと暮らすようになっていた。"喋れなくなり惨めなのは私だけ"と思い込んでいた。「大丈夫，失語症は良くなります」と請け合って，Ｆさん宅への訪問リハビリが始まった。

　何度か訪問するうちに信頼関係も築けてきたので，私は夫妻に一つ提案をしてみた。「仲間と会ってみませんか？」——私が事務局を務める東山地区失語症友の会の例会に誘ってみた。

　するとＦさん夫妻はその話に興味を示し，12月の例会に顔を出すことになった。いつもながらのプログラムに沿って，参加者全員が自己紹介をしていく。おぼつかない話し方の人，家族に代弁してもらう人など，うまく話せる人はいない。初参加のＦさんはかなり緊張気味で，奥さんが代わりに紹介するとペコリと頭を下げた。それを見た他の会員も同じように頭を下げた。その後，ゲームや歌で全体が盛り上がる中，Ｆさん夫妻を見ると，場の雰囲気に慣れて楽しそうだった。

　夫婦の両隣にはやはりこの日が初参加という同年代の，同程度の失語症の夫婦が座っていた。奥さん同士が情報交換するなど，良い雰囲気を醸し出していた。会が終わり，別れ際に何度もお辞儀をするＦさんの姿がとても印象的だった。思いも寄らぬ同病者との出会いに，深く感謝していたのだろう。塞いでいたそれまでが嘘のように，心が解放されたに違いない。

　その後，Ｆさんは私の訪問リハビリを受けながら，毎月失語症友の会に参加するようになった。1ヶ月に1度仲間と会える楽しみを持てるようになったことで，私の訪問時に会員の話題を出すと，とても関心を示す。地域生活においてこうした同病者の存在は大きい。ＳＴは失語症者や家族に対し，言語機能面での改善を図ることも大切だが，Ｆさんのような社会的孤立を生じさせないよう援助していくことは，専門家としてより重要な役割ではなかろうか。

　失語症者と家族は退院後，どうしていけば良いのか，どこで・誰に・何を相談すべきか，その判断に行き詰まった状態であろう。つまり，自力で社会参加を果たすことは困難であり，相談役が必要である。十分に相談を受け，今のことばの状態を把握し訓練してい

く。その上で失語症友の会など仲間と巡り会える場に導き,「決して独りではありませんよ」といった勇気と安心を得られるように支援するのが,在宅STの大事な役割である。

言語聴覚士不在地域の可能性
～「住民参加型言語リハビリテーション」

　第3章で専門職のネットワークについて述べたように，当たり前だがそれは最初からあるわけではない。その始まりは，何らかの専門的支援を必要とする人と，その人と関わる人の存在である。本人の可能性を引き出し，その人自身が望む生活を支援するために何が必要かを考え，誰（どの専門職）が支援を行なうことがその人にとって最も良いかを適切に判断し，関わる専門職が互いの力を生かしながら持ちうる力を発揮して，全体としてその人の役に立つように動くことがネットワークやシステムと言われるものである。それは常に忘れないでおきたい。

　私はSTとしてもちろん通常は自分の地域で仕事をするが，生活圏とは離れた地域とも長く関わることができるという経験をさせてもらった。それは，一人の失語症者の存在と誠実な介護サービス提供者の熱意と行動力がネットワークをつくった例であり，それによって地域の失語症の人のためのかけがえのない「仲間づくりの場所」，更には「友の会」ができ，地域の人々の参加を得て継続していった。私は〈西伊豆方式〉と呼んでいるのだが，それを一つのモデルとして紹介したい。

発端は一人の重度失語症者

　「はじめまして。"NPO法人みんなの家"の奥田真美と申します。失語症者のつどいにおける集団言語訓練の件で，お願いしたいことがあり，お便りいたしました」。

　この封書が届いたのは2009年4月中旬だった。奥田さんが勤める"みんなの家"は静岡県西伊豆町にあり，1日定員10名の小規模デイサービスである。4年前から失語症のある80代の女性Gさんが，デイを利用するようになった。右片麻痺を伴うGさんの失語症は重度で，家でもデイでも会話は成り立たず，お互い大きなストレスを感じていた。Gさんの気持ちが少しでも明るくなるようにと，奥田さんを中心に，スタッフも積極的に接してきた。だが，同じような失語症を抱える利用者がいないデイサービスの中だけでは，限界があると感じた。ここは"みんなの家"の枠を超え，西伊豆地域

● 言語聴覚士不在地域の可能性

に暮らす同病者と会う機会があれば，仲間ができて，孤独感が少しは解消されるのではないかと考えた。奥田さんがネット上で失語症者のつどいについて検索したところ，埼玉県所沢市保健センターで長年開かれてきた「ことばの集い」の活動に目がとまった。市民が会話ボランティアとしてつどいのサポートをする方法である。

西伊豆地域（西伊豆町，松崎町）は人口1万8千人弱で，病院にもデイケア施設にもSTが不在という。脳血管障害の患者は車で1時間半ほどかかる三島・沼津や中伊豆にある病院で，急性期治療やリハビリを受ける。やがて地元に戻ってきても，それまで入院していた病院は遠すぎて，外来の言語訓練を受けに通院するのは難しい。また，通所系施設を利用してもST不在なので，言語療法を受けることができない。

そこで"みんなの家"が西伊豆地域で事業展開している在宅サービス提供事業所・居宅介護支援事業所を対象に，「言語障害を抱える人へのサービス提供に関するアンケート」を実施してみた（図6）。調査結果から西伊豆地域には少なくとも34名の言語障害者がいることが判明した。同時に，介護職員や介護家族が「コミュニケーションをうまく取れない」ことで悩み，またそれを「相談する人もいない」という実態が浮かび上がった。

奥田さんは所沢をモデルに西伊豆地域で月1回，言語障害を抱えた人が集まれる会が開けないだろうかと考えた。他方より依頼するSTにリーダーを願い，住民から募集した会話ボランティア達と一緒にゲームや歌などの"遊ビリテーション"を展開していく。その事業目的と方法等を綿密にまとめ，県や町に助成金の申請を行なったところ，今年度に限ってではあるが，助成が下りることになった。については，各地の活動を視察に向かい，東京の「久我山ことばの教室」も訪ねたところ，STの遠藤尚志先生と直接面談することができた。先生からは助成金事業の進め方についてアドバイスをもらった。

「何よりも地域での言語リハビリや，失語症者にとっての仲間づくりの大切さについて，熟知しているSTを見つけることが重要である。だがそのようなSTはほとんどいないので，あなた達が育てなければならない。助成金には，全10回のつどいの開催に対して，毎回STを呼ぶ費用が含まれている。そこで，隣県の平澤STに毎回

言語障害（失語症や構音障害など）を抱える人への
サービス提供に関するアンケート

目的：西伊豆地域の在宅で暮らす言語障害を抱える高齢者の，言語的リハビリ状況を把握する。
対象及び回答数：西伊豆町・松崎町の在宅サービス提供事業所　14か所（うち12事業所が回答）
　　　　　　　　西伊豆町・松崎町の居宅介護支援事業所　10か所（うち8事業所が回答）
アンケートの種類：[在宅サービス提供事業者用] と [居宅介護支援事業者用] の2種類
調査機関：2008年10月14日～2008年10月31日
実施主体：特定非営利活動法人みんなの家

[在宅サービス提供事業者用]
- サービスを現在利用している方の中で，言語障害（失語症や構音障害など）を抱えている人は何人いますか。
　回答結果：利用人数に幅はあるものの，大概の事業所が言語障害を抱える利用者を持っていることが明らかになった。
- 貴事業所が言語障害を抱えるサービス利用者に関する際，苦慮されている点や問題点はありますか。
　回答結果：「ことばが聴き取り難く，本人の気持ちを汲み取れない」回答が7事業所から。
　その他として，「嚥下機能の低下」や「ゆっくりと寄り添うことが難しい」という回答もあった。
- このように関わってみたらうまくいった，というような対応例がありますか。
　回答結果：言語的なリハビリを兼ねたレク活動の提供（しりとりゲーム・カラオケ等）
　コミュニケーションを図る工夫（文字にて確認・筆談・二者選択で質問・繰り返し質問する・紙とペンを使っての聴き取り・動作で返答できるような質問をする　等），食前の口腔体操の実施
- 貴事業所として，言語聴覚士との何らかの関わりがあるといいと思いますか。
　回答結果：無回答1，わからない2，特には思わない1，思う8　→具体的に本人や介護従事者への専門的な指導，講演会の開催などが上がった。

[居宅介護支援事業者用]
- 貴居宅介護支援事業所で現在ケアプランを作成している要支援・要介護の高齢者の中で，言語障害（失語症や構音障害等。ただし認知症由来は除く）を抱えている人は何人いますか。
　回答結果：8事業所で言語障害者は合計27名いることが判明。（未回答の2事業所を含め推測で34人が西伊豆地域にいることになる）
- 貴事業所が言語障害を抱えるサービス利用者に関する際，苦慮されている点や問題点はありますか。
　回答結果：「本人とのコミュニケーションが聞き難い」「言語聴覚士による専門的な言語訓練が受けられない」回答が5事業所から。「周囲の無理解」が1事業所から上がった。
- ケアプランの中に盛り込んでうまくいったというような例がありますか。
　回答結果：5事業所は無回答。口腔体操・伝言ゲーム・歌唱・カラオケ・家族や介護従事者からの声掛けを依頼。等
- 西伊豆地域に暮らす言語障害を抱える人にとって，今後どのようなサービスがあるといいと思いますか。
　回答結果：言語聴覚士の関与6事業所から。当事者会や家族会の存在1事業者から。言語障害から学ぶ機会1事業所から。

（NPO法人　みんなの家：奥田真美）

図6　言語障害（失語症や構音障害など）を抱える人への
　　　サービス提供に関するアンケート

のつどいに来てもらうように頼んで，併せて伊豆半島にいる全ST に見学を呼び掛けてみてはどうか。地域での言語リハビリに興味のあるSTを発掘し，平澤STから学んでいける。一人でもそのようなSTがいれば，助成金が切れる来年度以降は，そのSTがあなた方の活動の継続に手を貸してくれるのではないか」。

　遠藤先生の助言を土産に西伊豆へ戻った奥田さんは，仲間と相談をした上で私に手紙を寄こした。

　「以上のような経緯を踏まえて，お願いしたいことがあります」として，6月からの助成金事業についての説明があった。「毎月1回，西伊豆地域在住の言語障害者を対象にしたつどいを，全10回開催していきます。これに当たり，毎回のつどいに平澤先生に来ていただき，ご指導願いたいのですが……」。開催日時は日曜日の午後1時30分〜3時30分。終了後，会話ボランティア達との短い反省会へ同席願う，というものだった。

　ST不在地域の人口1万8千人弱という町で，手紙にあるような失語症者における地域での事業を今，始めようとしている，その気丈な思いに感服させられた。しかも，その発端は一人の重度失語症者という。遠藤先生からのご指名も受けており，前向きに考えていこうと，早速奥田さんに返事を書き，引き受けることを伝えた。以後はお互いメールで交信していった。

　如何にして西伊豆地域まで往復するか，これがまずは問題だった。私の住む甲州市塩山から，西伊豆地域までの道路距離を調べたところ約170km。高速区間が2カ所ある他は一般道となる。普通に走行して片道4時間，休憩や夕方の渋滞等を考慮すると，それ以上かかると思われる。隣県とはいえ距離は遠く，車での往復は容易でないと考えた。次に鉄道での移動を考えたところ，東海道線からの伊豆箱根鉄道は修善寺が終点となり，そこから西伊豆地域までは送り迎え片道70分が必要となる。修善寺駅と会場との送迎は奥田さんの方で引き受けてくれるというので，鉄道を選ぶことにした。こうして，朝6時から夜11時まで，丸一日かけての月1回の西伊豆参りが決まった。

● 言語聴覚士不在地域の可能性

言語聴覚士不在地域での"つどい"計画

　上記アンケート報告書にて，ことばの障害を持った方の数や介護支援におけるSTへの期待度は，ある程度量れた。そこで奥田さんは「まずはGさんを含め，3人くらい集まればいい」と考えた。人数も含め始まってみないと分からない部分が多く，つどいを開きながら考えていこうと思った。そもそも動機は，Gさんに同病者の仲間を作ることだったので，つどいの方向をどうしようとか，具体策は特に考えていなかったようである。年齢層や失語症の程度など，集まった方たちの状況に合わせたつどいを作り上げていくしかないと考えていた。私としても，どのようなメンバーが集まり，如何なるグループ・ワークが適したものか，これまで他で展開してきたやり方でいいのか，不安に思う点も多少あったが，まずは進めていきながら検討しようと考えていた。

　失語症のグループ訓練に欠かせないのは会話ボランティアである。グループでの様々な活動を失語症者は会話ボランティアとペアを組んで行なっていく。ペアの息が合っていれば，自己紹介やゲームなどをスムーズにこなすことができる。よって，参加される当事者と同数のボランティアが必要である。会話ボランティアを募集する際は，奥田さんが勤めるNPO法人みんなの家が自主的に開催している「地域介護力アップ講座」の参加者に呼び掛け，また，西伊豆地域の地区回覧の中にチラシ（「失語症の方のつどいを始めます。当事者と会話ボランティア募集中」）を入れてもらった。つどいに参加される中には20代・30代の若い当事者もいた。ケアマネジャーとの繋がりがなかったので，この回覧チラシは有効だった。伊豆新聞・静岡新聞にも，第1回目のつどいのお知らせ記事を小さく載せてもらった。それまで培った人脈や，"みんなの家"という名称のおかげで，会話ボランティア十数名を，それほど苦労せずに確保することができた。

　つどいに参加希望された当事者は12名と，初回にして予想外の多さに奥田さんは驚いたが，しっかり病歴や現在のリハビリ状況を把握しておきたかった。そこで，つどいを始める前に12名全員のご自宅を奥田さんが訪問し，その席で家族だけでなく当事者本人とも会話をし，どれくらい話せるのか，理解ができているのかを奥田さん自身が把握していった。

失語症者と接するときに心掛けること

　初めて失語症者と接するボランティアに対して，概論的な説明よりも接する心得を箇条書きしたプリントの方が分かりやすい。下記に私が介護の方たちに講義する時のポイントを示す。

失語症：聞く，話す，読む，書く　の全てがうまくできない。
① 待つこと…ゆっくりとしたコミュニケーション環境を作り，余裕を持って接する。
② 短くユックリ…一つずつ短く話し掛ける。早口ではダメ。
③ 顔と表情を見て…対面して見つめ合うだけで以心伝心，あたたかい気持ちが通じ合う。
④ 身振りや文字が有効…ジェスチャーや，文字を紙に示すと理解度は上がる。
⑤ 「はい」「いいえ」で答えられる質問を…ことばが出にくいので聞き手側が会話をリード。
⑥ 子供扱いしない…ことばが話せないからと子供をあやすような態度はとらない。

　一方，会話ボランティアを申し出てくれた中には，介護職を長年経験してきた方から，全くボランティア活動は初めてという方まで幅があった。そこでボランティア活動初心者には，比較的言語障害の程度が軽い方をペアにし，ほとんど発語がないようなコミュニケーションが難しそうな当事者には，介護職経験のある，以前にも失語症者と関わった経験が多くあるボランティアをペアにした。毎回のペア決めは奥田さんが行ない，それは現在でも続いているという。

　ただ，あまり事前に知識を与えすぎて「なんだか難しそう」「要求どおりにできそうもない」と，思われても困るので，失語症者と接する時に心掛けることのポイントを絞って記したプリントを，会話ボランティアの方たちに渡した。このプリントは，つどい開始前に奥田さんが見学に行った所沢市保健センターで開催された「失語症

●言語聴覚士不在地域の可能性

者のつどい」で会話ボランティアへ配っているものだった。
　第1回のつどいに集まった会話ボランティア達は，「今日はまず，つどいがどのようなものか見学に来ました」というような感じだった。そこで奥田さんがいきなり「○○さんとペアでお願いします」と告げると，驚いて辞退しようとする方もいたようだ。奥田さんは更に「やっていかないと分からないですから」と，譲らず押し切った。やれば難しさとともに楽しさややり甲斐も同時に感じるはず。また最初から上手にやってもらおうとも思ってはいない。段々と上手になっていけば良いので慣れるしかない。つどい当日にボランティアに本日のペアは誰かを告げ，併せて，どこに気をつけてやってほしいかも伝えた。「話すことは難しいが理解はできているので，絵や文字で表し，指差ししてもらうと良い」「話せるけれども短めの答えしか出てこないので，もっとそれはどうなの？と，話を広げていってほしい」という感じに。

楽しい集団リハビリの場を
　6月20日，松崎町生涯学習センターにて「第1回西伊豆失語症者のつどい」が開催された。参加した12名の当事者は，交通事故による20代の女性から，80代の方まで様々。麻痺はなく失語症状も軽度な方から，胃瘻造設するなど重度の方まで，かなり幅があった。一般市民から募った会話ボランティアが予想外に多く，15名が会場に駆けつけてくれた。当事者とボランティアのペアが12組作られ，ペアが組めなかった方たちは，様子を見学してもらった。つどいのプログラムに関しては，私に一任ということだった。

〈つどいのプログラム〉
1. あいさつ（握手・ボランティアの紹介）
2. 歌（季節の歌）
3. 体操と発声練習
4. ペアになって（氏名・住所・趣味などの情報交換）
　→ボランティアが得た情報を発表
5. ゲーム（ペアで協力し合って）
6. お茶を飲みながら歓談
7. 歌（「ことばをこえて」）〜　終了

集団リハビリは，ことばに障害を持った当事者と会話ボランティアが二人一組のペアを組み，お互いが意思を伝え合いながら，その日のプログラムを全て進めていく。これまで失語症について知る機会がなかったボランティアには，ことばの障害による不自由さを理解してもらうのに，この上ない機会となる。事前に「失語症とは？」「どう対応するとよいか？」などの情報を奥田さんより資料として，また口頭で聞いてはいたが，初めての人はかなり緊張しただろう。だがそんな一般の主婦がボランティアとして相手となることで，当事者はそれ以上に不安な気持ちでいたに違いない。お互いが緊張したまま進めても楽しさが伝わらないので，ペアを組んでもらったところで"あいさつ"として握手をしてもらう。口頭で「こんにちは」「よろしく」と伝えられない失語症者にとって，手を握り合うことで安心感が生まれ，緊張もほぐれる。

　緊張を更に緩めるのに，みんなで季節の歌をうたっていく。春なら「花」「春が来た」，秋なら「紅葉」「月」といった誰でも口ずさめる童謡・唱歌が良い。西伊豆にはピアノ伴奏をしてくれるボランティアがいたので，奥田さんを通して曲名を伝え，前もって準備してもらった。歌詞カードは私が用意した。どの童謡・唱歌でも一番の歌詞だけを用意し，それを繰り返し歌うようにした。非失語症の方たちにすれば二番も三番も歌えてしまう曲でも，失語症者（特に重いタイプの人）には難しいものである。そこを理解してもらいながらみんなが楽しく歌えるように，テンポはやや遅めに，拍子などを打ちながらリードしていく。歌詞を書いた大きい模造紙は用意するが，歌詞を先に先にリーダーが伝えていくのも失語症者には必要である。

　次にイス（車椅子）に座っての軽運動をしていく。両手を組んでの上下・左右運動。首の前後・左右・回旋運動。指先の体操，足の運動，腰痛・膝痛予防体操，腹筋を強くする体操など，私の号令で各自の能力に無理ないように行なってもらう。体がリラックスできたところで発声練習をしていく。深呼吸をゆっくり２度行い，「あー」「おー」と大きく長く発声。母音を強く短く区切って出す練習，母音を組み合わせて出す練習，高低・強弱の発声，子音の練習，拗音の練習など，元気にテンポ良く行なっていく。自然と腹式呼吸，発声発語器官の訓練になる。

ここまでのプログラムで当事者がよく理解できず，戸惑っている様子なら，私から再度説明しながら働きかけるとともに，ペアのボランティアにもなるべく二人で合わせて行なえるように促していく。当事者はペアになったボランティアのことを頼りにし，良いコミュニケーション環境が自然につくられていく。この流れでペアを組んだ会話ボランティアに，当事者から氏名・住所・年齢・発病時期・趣味を聞き取ってもらう。各ペアにはペンと紙を用意し，口頭で難しい場合は通じ合いの手掛かりを文字や絵などで探ってもらう。用件をすんなり伝えられる能力はまちまちなので，「10分」「15分」という時間を初めに設定してしまうのが良い。聞き取りが終了したのを確認し，当事者のプロフィールをペアのボランティアから発表してもらい，それをホワイトボードに記録していく。ほとんどの参加者が地元なので，意外に近所だったり，住まい周辺の様子も見当がつき，共通の知人がいたりと，情報を交わすにつれ親密感も生じてくる。

　ペア同士の緊張がだいぶほぐれたところで，ゲームに入っていく。第1回目は私にとっても初対面なので，自己紹介を兼ねて私についての3択クイズを，「私の年齢は？　①43歳　②48歳　③53歳」，「私の好物は？　①春巻　②餃子　③シューマイ」など9問出題した。私が用意していった①②③の札を各ペアに持たせ，「では一斉に上げて下さい！」と回答してもらう。それぞれのペアの当事者が選択するように，ボランティアにはそのサポート的な役割をお願いした。初対面の失語症者といきなりペアを組んでの会話ボランティア初体験であり，初めは緊張した様子だったが，どの組も次第に良い雰囲気でコミュニケーションを取っていた。私は各ペアを随時回っては，会話のヒントをそれとなく提供していった。会場には付き添いの家族や，見学に来た行政関係者なども含め50名ほどが集まり，笑いと熱気に包まれた。

　ゲームを終えると，お互いの顔がもっと近くなるようにテーブルを並べ替え，お茶を飲みながら歓談をする。緊張の連続だったかも知れないが，ここで解消される人が多い。当事者も家族も，そして会話ボランティアの方たちも，ホッとした気持ちで打ち解けて会話を交わす。みんな笑顔である。

　失語症者は退院すると外出の機会を失い，次第に心も閉じ籠りが

ちになる。「こんな病気になってしまった」と，自分の失った状態しか見えないのでは，生きていく元気も出てこないもの。ひとりぼっちの心では笑顔も出てこない。それが，同じような人と巡り合えたらどうだろう。きっと，境遇は大きく変化するはずである。不思議なもので，ことばを失った人同士は，会話がなくてもお互いが良きものとして分かり合えるようだ。仲間の存在は大きな勇気であり，安心となる。閉ざされた心が解放されたようで，思わず笑いたくなる。集団の力とは，こうしたことばを失った人たちに，元気を取り戻す源となる。家族にしても「どうして私の家だけ……」と塞ぎ込む毎日だったのが一変する。他の家族との情報交換により，自分らよりも状況が厳しく感じられる方たちを見て，「私の家だけではない」と同時に「一緒にがんばろう」という前向きの思いが生じる。

　一体何が始まるのだろうと，初日は誰もが不安な気持ちで寄り集まったに違いない。プログラムに沿った内容を多少の緊張の中，心地よく過ごしていくと，予定された2時間は，あっという間に過ぎていく。「また来月，お会いしましょう」と，一人ひとりと挨拶を交わし，閉会となる。

　楽しかった余韻を抱きながら終了後は，会話ボランティアとの反省会である。失語症や構音障害の方たちとペアを組み，対応する中で生じた疑問を出してもらい，私の方で適宜答えていく。「聞き取れなくて，聞き直すのですが，何度も聞くと失礼かなとも思うのですが…」「初対面の人に，発症時期などの個人的情報を根掘り葉掘り尋ねることは，失礼に思ったり，相手を傷つけたりしてしまわないかと思うのですが…」。体験された生の声に，具体的な方法を伝えていく。「わからなかったら何度でも聞き返してください。わかったふりは駄目です。ペンを渡して紙にちょっと何か書いてもらうのがいい場合があります」「失語症者は自分のことを知ってもらいたい，伝えたい思いを持つ方が多いです。親身に聞こうという態度でいればかえってうれしいと思います」。全体としては「初めてにしては，ペア同士でとても和やかに，そして，活発にコミュニケーションが取れていて，大成功でした」と労った。併せて「みなさんのような会話ボランティアなくして，この活動は成り立ちませんので」と理解と協力を更に願った。

● 言語聴覚士不在地域の可能性

「個」の能力を高める

　7月からは参加する当事者を二名ずつ，〈コミュニケーション評価〉することになった。つどい開始前の各20分という短時間に，集団場面で把握できることと併せてその人の症状やできる能力を摑んでいく。同席してもらう家族には，日常の意思疎通状況や困っている点などを挙げてもらい，家庭内でのコミュニケーションにアドバイスをしていく。発音が悪く，食事の時には右口角より水分が漏れるというHさんに対しては，食前に行う口腔体操のやり方のプリントと構音練習プリントを指導して渡し，奥さんにその実施状況と効果を尋ねた。また，会話は可能だが喚語が苦手で家では黙り込むことの多いIさんには，日常物品名（冷蔵庫，ベッド，新聞など）のカードを使って連想ゲームをしていく。「毎朝配達されるニュースの紙は？」などと本人と家族が交互に出し合うことで，コミュニケーション機会と喚語力の改善にもなった。西伊豆地域にはSTが不在なため，遠方の病院でリハビリを受け，退院後の加療は難しい。たとえ短くとも個別指導の設定があるのは意義深いに違いない。集団とは別な意味で，十分期待される時間である。そうした期待に応えられるよう，私は生活に即したアドバイスを即座に的確に伝える必要がある。訪問STにとっては，普段の訪問活動とほぼ同様のスタンスである。

　評価は毎月二名ずつとしてあるが，私への相談はつどい終了後，いつでも誰でも受けられるようにした。そうは言っても気後れして相談しづらかったり，自分では何を聞けばよいのかよく分からなかったりということもあるので，こちらもつどいでの一人ひとりの様子をさりげなく注意深く見ていて，声を掛けることも大切である。ちょっとしたアドバイスだけでずいぶん変わることもよくあるのだ。

　61歳のJさんは1年ほど前に脳内出血で倒れ，リハビリテーション病院で5ヶ月間STを受けてきた。右片麻痺で失語症があり，歩行は4点杖で屋外は車椅子使用だった。失語に関しては徐々に回復したものの，「思っていることをことばで十分に伝えられない」ことを気にしていて，つどいの開催を知り，試しに奥さんと参加してみた。初めてのグループ訓練に緊張気味で，表情は始終硬かった。つどいが終わり，帰り支度をしているJさんのところへ近寄り，声

を掛けてみた。Jさんの発語をしっかり聴いていくと，失語は軽度だが，構音障害を合併していることが判った。舌と喉頭に麻痺があり，呼吸器系の運動低下により会話明瞭度を落としていた。「Jさん，お腹を手で押さえながら，口で息を吐いていって下さい，そして今度は一気に鼻で息を吸って……」と腹式呼吸の方法を伝え，「これを毎日家で練習して下さい」と伝えた。するとJさんはその場で，私が今教えた呼吸訓練を何度も繰り返して行なって見せた。「わかりました」と，Jさんは初めてニッコリ笑った。それから自宅で練習もしているらしく毎月会うJさんは，腹式呼吸を意識した発声で話すようになった。舌の運動制限で子音の歪み，省略は多少あるものの，呼気が強まったことで明瞭度が上がった。「話がハッキリわかるようになりましたね」。他の人からもそう言われるようになり，Jさんはこのつどいへの参加に強い意義を感じていた。グループの中で自ら積極的に話し，笑顔で冗談も言うようになった。初めは努力性の発話だったが，腹式呼吸ができるようになるにつれ，次第になくなった。一息で文レベルの発話がスムーズに言えるようにもなった。仲間がいること，そして毎回評価してくれる専門家がいることで，Jさんはモチベーションが上がり，自宅で訓練に励むなど生活全般にも張りが出てきたようだった。

　参加する失語症者はつどいで楽しい時間を過ごし，個々の指導も受けられた。"失語症は良くなる"意識も上がり，諦めていたことばの回復に目覚めた参加者もいる。30代の女性と50代の男性である。お金と時間はかかるが訓練をしていこうと，中伊豆にあるリハビリテーションセンターへ週に1回通うようになった。

　西伊豆でのつどいを始める切っ掛けとなったGさんからも，効果をいくつも感じていた。普段デイで接している奥田さんは，「会場に入った時から空気を察したように，明らかに顔つきが違うんです」と気づき，会話パートナーとのやり取りにおいても，「あんなGさんを見たことがない」と語る。失語症の人はことばを交わさなくても，同じ仲間であることをその雰囲気で感じるという。Gさんは重度の失語症であったため，十分に自分の意思を伝えられないが，その場が心地よい所だということは感じていたようだった。デイでは何かにつけ，引っ込み思案のGさんだが，つどいに行くかを聞くと，行きたい素振りを必ず示したという。口が閉じず，目立つほど

●言語聴覚士不在地域の可能性

の表情の変化もなかったが，私に注がれる視線は真剣そのもの，リハビリ体操などにもそれなりに体を動かそうと頑張っていた。

「西伊豆失語症者のつどい」の開催のため，その後も私は鉄道経由で毎月通った。2回目以降もつどいのプログラムは変えず，初めて参加される当事者，会話ボランティアにも安心して加われるようにいつもの会場で楽しく行なった。ただゲームに関して10月は運動会，12月はクリスマス会など，その時々に変化を持たせた。立ち上げの一年，奥田さんや会話パートナーの方たちのお陰で何とかやってこられた。私が会場に入ると，すでに和やかな雰囲気が感じられる。ボランティアとして協力してくれる主婦の方たちは，失語症者との接し方をつどいの中で体得していった。失語症者にすれば会話ボランティアの方たちは"分かってくれる人"であり，双方が醸し出す「安心」な「楽しい」空気が会場を包む。そんな良いムードの中，私は12名ほどのグループに対して，集団訓練というより個人訓練の延長という意識で臨んでいけた。「Jさん，いい声が出ていますね」「Gさん，今日も顔色がいいですよ」と，一人ひとりへの声掛けを多く，丁寧に接していった。できることを認めてもらう場であり，仲間と楽しい時間を過ごす場，グループ訓練の真髄はここにある。集団に関わる時には，全体を見回し主役は誰なのかを押さえた上で，コミュニケーションの良き潤滑油となるように努めたい。

県の言語聴覚士へバトンタッチ〜仲間とつくる「友の会」へ

奥田真美さんが6月頃より静岡県言語聴覚士会（県ST会）会長に電話を入れ，西伊豆地域でのつどい開催について知らせ，その後もつどいの情報を随時伝えるなど，繋がりを作っていった。7月の第2回目のつどいには，県ST会長らが早速見学に来られた。秋口には奥田さんから，助成金が切れる次年度は平澤に代わり，県ST会が何とか支援してくれないかという申し出をした。すると，会長からは「ST不在地域に対して，県ST会ができることはないかと思っていたところだ」との回答をいただき，話がとんとんと進んだ。会長の方から県ST会の会員に協力できるSTを募り，人を集めてくれた。

12月に西伊豆地域でのつどい協力に手を挙げてくれたSTの方々

と，奥田さんは熱海で話し合いを持った。奥田さんからこれまでのつどいの経過説明を行い，当事者の一覧表（性別・年齢・発病の経緯・体の障害の程度・言語障害の程度・利用している介護サービス等）を配布し説明した（事前にご本人たちの了解済み）。更に，とにかく一度見学してほしいと伝え，1・2・3月のつどいへ順に3，4名ずつ見学に来てもらった。事前の話し合いの段階から，月替わりのSTになることをST側も一番心配していた。基本プログラムは，今のやり方を踏襲してほしいと奥田さんは伝えた。

　この来年度のつどい協力のST問題を進めていく頃，当事者を中心とした会づくりも進んでいた。6月より毎月開催する中で，参加者の仲間意識は自然と育まれていった。年が明けた2月には"会を開いてもらう"という受け身的立場から，"会を開いていこう"という自律的な思いが生じ，「西伊豆失語症友の会"いろは組"」が組織された。当事者の中から会長・副会長が各一名，会計，運営委員は奥田さんや会話ボランティアが協力し，年会費を納め，会員同士で年間行事を決めていくことになった。年度が変わる4月からは，"NPO法人みんなの家"の助成金事業としてではなく，失語症の当事者会"西伊豆いろは組"が，これまで通り月1回のつどいを開催していく。つどいのリーダーは私に代わり，県ST会から11名のSTが毎月一人ずつ，代わる代わるとなるが，月1度の楽しい会は約束された。一人のSTが担当する良さはもちろんあるが，特にこの西伊豆のようにある程度遠方からSTが通わざるを得ない地域では，そのSTが何らかの理由で通えなくなった場合，途端に活動に支障をきたす可能性も高い。その点では，ST一人ひとりの負担が少ない月替わりのメリットも大いにあると思う。第10回の西伊豆でのつどいを2010年3月に終え，私は安心して御役御免となった。

　月替わりに複数のSTが受け持つことは，私が一人で毎回担当するよりもかなり大変なこともあると思われる。基本プログラムは同じでもそれぞれのSTがその月にどのような工夫をして臨み，会員・ボランティアの反応は如何だったのか，常に前回までの模様を把握した上で，自分の担当月を考えていかなければならない。ST間の連携も当然必要になってくるだろう。だが会員からすれば，毎月代わる代わる熱心なSTが趣向を凝らして登場するので，緊張と期待が常に持続されることとなる。

●言語聴覚士不在地域の可能性

「集団リハビリ」と「友の会」の違いは西伊豆の活動でも分かるように，グループでの主体性が異なるところにある。集団リハビリにおいては，ことば（コミュニケーション）のグループ訓練が主の目的で，STなどの指導による受け身的な活動である。友の会はことばの障害を持った当事者が中心的に活動を運営していく。会費を払い，その費用で会を運営，会員の希望で旅行に行くこともでき，"私たちの会"という意識が生じる。

県ST会に切り替わった年に"西伊豆いろは組"は，私の住む山梨へ旅行に来た。失語症になってからは，ほとんど西伊豆を出ることのなかった会員にとって大きな挑戦である。4月の中旬で，その年は桜も桃も同時に咲き乱れる正に桃源郷の世界。毎月のつどいだけでなく，会に新たな楽しみが加わったことは，当事者・会話ボランティアの新たな喜びになったようだ。つどいオンリーで考えず，"いろは組"全体の活動の中で，会員にとって魅力ある会にしていけば良いのだと考えるようになった。そういった意味でも，旅行の力は絶大だった。失語症者の海外ツアーを毎年企画してきた遠藤尚志先生が「旅に勝るリハビリはなし」と仰るが，経験すると正にそうである。奥田さんは「つどいを10回やっても，あの，山梨旅行に行って来られた！という会員の達成感は得られない」と振り返る。当事者・ボランティアの仲間意識も強まったことにより，月替わりの新体制になっての混乱も乗り越えられたようだ。"いろは組"につながっていれば楽しいことが訪れる，という気持ちが，会員に生まれたようである。グループとして成長し続けているということ，また，それを構成メンバーが実感できることがキーポイントだと奥田さんは語る。

今の医療法の中ではリハビリの入院制限は厳しい。介護サービスを使うようにと勧められるが，地域にはまだまだ失語症者が安心して使える施設は少ない。病院勤務のSTとしても，入院中の短い期間に失語症が治癒するとは思っていないはずである。ただ，自宅に戻った後のフォロー先が見当たらない，というのが現状ではなかろうか。西伊豆地域のようなST不在地域は，各都道府県，各区市町村に数え切れないほどあるに違いない。逆に言えば，自宅で暮らす多くの失語症者が不自由なコミュニケーションでいながら，十分な

STサービスを受けられていないと考える。

　奥田さんが目の前のGさんの絶望感・孤独感を癒してあげたい，そのためには同病者（失語症者）の仲間をつくることだ，と考えたことが事の始まりだった。そして，それを達成するためには何をしていけばいいのかを考えた。ネット上で調べ，アンケートで調べ，助成金を申請し，見学に出掛け，など並大抵な努力ではなかっただろう。こうして第1回目のつどいをスタートでき，Gさんの笑顔をついに見ることができた。そしてそれ以上の大きな成果につながったのである。

　西伊豆でのつどいが苦労しながらもスタートできた大きなポイントは，様々な人との繋がり，奥田さんが培ってきた人脈があってこそといえよう。ボランティアの会話パートナーの中にはケアマネジャーや介護職の方もいるが，多くは一般主婦である。その中には「前より失語症者と上手に話せるようになった」と感想を寄せたり，メール交換や，話し相手になりに行ったり，期待以上に熱心に関わってくれている人もいる。ボランティアというよりはすでに友達に近い関係を築いているのかも知れない。

　このST不在地域における住民参加型言語リハビリテーションは〈西伊豆方式〉として，今後，様々な地域で採用されていくことを期待したい。

参考文献
遠藤尚志：失語症の理解とケア――個別リハビリから仲間作りのリハビリへ．雲母書房，2011年．
平澤哲哉：私のグループ体験――「できる」ことを認められ，「仲間と共に」楽しい時間を過ごせる場．臨床作業療法4巻3号，pp.214-215，青海社，2007年．

あとがき

　2012年3月，協同医書出版社の編集担当者よりお手紙をいただいた。在宅訪問10年の経験をもとに訪問リハビリにおけるテキストを執筆できないかという依頼である。十年ひと昔と言う。あっという間に過ぎていったという印象もあるが，振り返ってみると，数え切れないほど多くの，貴重な出会いがあり，一つ一つ脳裏に濃厚に刻み込まれている。

　失語症の私がSTの道を歩み始め，大阪や東京で学び，山形や山梨で実践していくうちに，在宅STに辿り着いた。地域へ飛び出した頃は夢中であり，自ら気持ちを高ぶらせていた。冒険心をくすぐるように見知らぬ土地へ，新たな出会いを求め，がむしゃらに取り組んでいった。不安な気持ちに押し込まれるようなことはなく，むしろ何の制約も受けることなく，一人でやっていける気軽さに充足感を味わっていた。病院のSTとは全く異なる業務であることを，実践の中で感じ取っていった。そこには経験しなければ得ることができない生活リハビリとしての，新たな取り組みがある。

　書き綴っていけるのか不安だらけだった。だが10年を一区切りと，まとめる機会を与えて下さり，しかも書として私の活動を紹介いただけるのは大変光栄なことと，起稿させてもらうことにした。第3章のような各項目を教科書的な記述で捉えていく部分では時間を要した。だが制度上のこと，流れや留意点などを整理するのに，ちょうど良い機会となった。

　体験したことや当事者・家族のエピソードを紹介する各論では，起こった事実をそのまま記すのみであったため楽しく書き進めていけた。病院とは異なり，在宅では失語症をみるだけではなく，当事者・家族の生活支援につながるアプローチが第一である。訪問STが当事者・家族に関与し，コミュニケーションを媒介に楽しい生活を再興していく。

　車で移動しながら，私はいつも次の訪問先のことを思い描いている。「先週は家族でお出掛けと言っていた。楽しい時間が過ごせただろうか。食事もしただろう，どんな感想が出るだろう」。次の家に向かいながら，話をどう切りだしていこうかと，かなり浮き浮きとした気分にさせられる。正にこの道のりが楽しみなのである。

大西成明さんが訪問時の素晴らしい写真を撮って下さった。本書の一部を構成しているその写真ページから，言葉ではなかなか伝えられない実際の雰囲気を感じ取っていただけるのではないかと思う。大西さんに心よりお礼を申し上げる。

　今年の4月，遠藤尚志先生のご逝去を知り，驚きとともに深い悲しみで一杯だった。失語症の方たちと何度も海外旅行へ行かれていた旅行の好きな先生は亡くなられる2ヶ月ほど前に，「平澤さん，中国に一緒に行きましょう」と，緻密な計画表を封書で送って下さっていたので，信じられない思いだった。昨年4月，癌治療で入退院を繰り返していた先生に，今回の執筆について伝えたところ，「記録に残すことは非常に大切で意義深いことです。ぜひ頑張って下さい」とご助言下さった。STにおける在宅訪問，地域活動の第一人者であり，正に私の師である遠藤先生に喜んでいただき，これからに向けてのご教示をいただけるような本にまとめていきたいと考えていた。できあがった本を見ていただきたかった。

　先生とお会いして約30年。失語症の私へ温かなアドバイス。「STになりましょう」と導いて下さったあの日。「鶴岡に行きませんか」と勧めて下さったあの日。「訪問活動ですか大変ですよ，頑張って下さい」と励まして下さったあの日。今私が在宅STでいられるのは，遠藤先生のお陰である。最も苦しかった時に，救いの手を差し伸べて下さった恩人である。先生からはまだまだ沢山のことを学びたかったので，突然失ったことは，この上なく口惜しく残念である。これまで先生より受けたご恩に報いるべく，在宅STの道に精進して参るつもりである。また，次の世代の若いST（遠藤先生からは孫弟子）につなぐ役割を果たしていきたいものである。

　私の今後については，地元山梨を基盤に在宅STとして，訪問活動，病院・施設などでの非常勤業務や友の会活動などを展開し，実践の中から必要性を訴えていきたい。2013年3月には，私の発案で「若い失語症やまなし」（塩山市民病院言語室事務局）主催の，若い失語症者による発表会が山梨県内で開催された。今回は首都圏の若い失語症者のみの発表であったが，地元に，また多くの地域でこの輪が広がることを期待して，若いSTと共に展開していきたいものである。

エピソードに登場する多くの当事者・家族の方たちには，訪問場面で適宜様々なことを学ばせて下さり，心より感謝申し上げる。また，本書の全体構成について助言して下さった編集担当者にもお礼を申し上げる。

　最後に，私事ながら，在宅STとしての10年を陰で支えてくれた妻に対し心より感謝の意を表したい。

　この本が，その土地に暮らす失語症の方々を支える訪問STが一人でも多く増える切っ掛けとなり，訪問リハビリの現場に立つ人たちの参考になることを願い，「あとがき」を終える。

2013年9月

　　　　　　　　　　　　　　　　　　　　　　　　　　　平澤哲哉

この地で，
　これからも

（写真：大西成明）

平澤 哲哉（ひらさわ・てつや）

1961年，山梨県生まれ。1983年，青山学院大学在学中に交通事故による脳外傷のため失語症になる。1985年に大学を卒業後，1987年，言語聴覚士として病院に勤務。1988年，大阪教育大学教育学部言語治療研究生を経て，山形県，山梨県の病院に勤務。1999年，第1回言語聴覚士国家試験に合格し，言語聴覚士免許取得。2002年に病院を辞め，フリーの在宅言語聴覚士として活動を始める。
著書に『失語症者，言語聴覚士になる』『失語症の在宅訪問ケア』（いずれも雲母書房）。

大西 成明（おおにし・なるあき）

1952年，奈良県生まれ。写真集『象の耳』（日本写真協会新人賞），雑誌連載『病院の時代』（講談社出版文化賞），「地球生物会議」ポスター（ニューヨークADC金賞），写真集『ロマンティック・リハビリテーション』（林忠彦賞・早稲田ジャーナリズム大賞）など，「生命」や「身体」をテーマに「生老病死」の姿をドキュメントした写真を撮り続けている。日本写真家協会会員，東京造形大学教授。

この道のりが楽しみ ～《訪問》言語聴覚士の仕事

2013年12月3日　初版第1刷発行
定価はカバーに表示

著　者	平澤哲哉Ⓒ
写　真	大西成明Ⓒ
発行者	木下　攝
印刷・製本	横山印刷株式会社
ＤＴＰ	Kyodo-isho DTP Station
発行所	株式会社 協同医書出版社

〒113-0033　東京都文京区本郷3-21-10
電話03-3818-2361　ファックス03-3818-2368
郵便振替00160-1-148631
http://www.kyodo-isho.co.jp/　E-mail：kyodo-ed@fd5.so-net.ne.jp
ISBN978-4-7639-3048-4

JCOPY〈（社）出版者著作権管理機構　委託出版物〉

本書の無断複写は著作権法上での例外を除き禁じられています。複写される場合は，そのつど事前に，（社）出版者著作権管理機構（電話 03-3513-6969，FAX 03-3513-6979，e-mail：info@jcopy.or.jp）の許諾を得てください。
本書を無断で複製する行為（コピー，スキャン，デジタルデータ化など）は，「私的使用のための複製」など著作権法上の限られた例外を除き禁じられています。大学，病院，企業などにおいて，業務上使用する目的（診療，研究活動を含む）で上記の行為を行うことは，その使用範囲が内部的であっても，私的使用には該当せず，違法です。また私的使用に該当する場合であっても，代行業者等の第三者に依頼して上記の行為を行うことは違法となります。